Este es un libro valiente y atrev conoce la Palabra, a las mujeres ᵘᵉ ᴰᵢᵤₛ y los caminos del Señor como Lysa TerKeurst. Y una vez que empecé a leerlo, no pude detenerme.

—Ann Voskamp, autora exitosa de *Un millar de obsequios*

Lysa aborda las emociones fuertes de una manera que hará que cualquier mujer suspire aliviada al ver que no está sola. Su enseñanza acerca del progreso imperfecto resulta reveladora y realista. Tanto si eres una persona de las que se guarda las cosas o de las que explota, o una combinación de ambas, te recomiendo este libro encarecidamente.

—Tim Clinton, presidente de American Association of Christian Counselors y autor de gran éxito de ventas *Breakthrough*

El libro de Lysa ayudará a miles de personas a trazar un camino exitoso y reaccionar ante la realidad de una manera que vaya mucho más allá de sus emociones caprichosas y volubles.

—Stephen Arterburn, presentador del programa NewLife Live y autor de *Is This the One?*

Vivimos en una época en la que nuestras emociones tienden a dominarnos. Si lo sentimos, entonces lo decimos o lo hacemos. Para vivir una vida abundante necesitamos manejar nuestras emociones y no dejarnos gobernar por ellas. Lysa nos da respuestas prácticas sobre cómo tomar decisiones que lleven a la vida y no a la muerte.

—Christine Caine, fundadora de la Campaña A21 y autora de *Undaunted* [Inconmovible]

Este es un libro con el que cualquier mamá, esposa o mujer se identificará. Lysa se muestra transparente en cuanto a las realidades de vivir la vida como una mujer real en un mundo real. Sus luchas honestas nos ofrecen a todos una cuerda de salvamento.

—Sheila Walsh, autora de *Dios ama a las personas rotas: y a las que pretenden no estarlo*

Me sentí totalmente culpable por levantar barreras. No tenía idea de que eso era lo que estaba haciendo ni de las razones por las que lo hacía. Me ayudaste a tener claridad, y creo que esto me permitirá expresar mis sentimientos de manera honesta, pero con amor, sin esconderlos en mi interior.

—BUFFI Y.

En cada párrafo hubo un descubrimiento para mí. Subrayé con colores todo lo que me decía algo, y ahora mi libro parece un árbol de Navidad.

—TRACY C.

Este libro me hizo pensar en cómo reacciono ante las cosas y que no solo tengo una opción, sino un plan de acción preciso para cambiar las cosas con la ayuda de Dios.

—MICHELLe C.

He trabajado durante treinta años en un campo mayormente para hombres y he experimentado mucha discriminación en mi profesión. Después de leer este libro, confronté al presidente de la compañía en cuanto a comentarios que ha hecho sobre mí frente a otros hombres. Me mantuve calmada, escogí mis palabras con sabiduría y confianza, sin mostrar una reacción exagerada. ¡Manejé mis emociones fuertes con integridad en el alma!

—KELLY W.

Tengo cinco hijos pequeños, lo que significa que alguien necesita mi atención siempre y mi casa jamás está en silencio. Nunca he sido una gritona, pero me doy cuenta de que siempre tengo emociones muy fuertes. Este libro me ayudó a comprender el daño que puede causar ocultar esas emociones.

—JILL B.

Como una mujer de cincuenta y tantos años, sin hijos, todavía me siento sobrecogida por la manera en que Lysa se identifica con todas las mujeres y las situaciones familiares, las relaciones y las reacciones personales. Me vi reflejada en muchas páginas de este libro.

—LAURA S.

Tener que sentarme y descubrir qué cosa provoca exactamente mis reacciones no fue algo divertido, pero sí muy esclarecedor. Siento que ahora puedo comenzar a trabajar a fin de convertirme en una mujer más controlada, más conectada conmigo misma.

—SHANNON B.

EMOCIONES FUERTES

DECISIONES SABIAS

LYSA TERKEURST

EMOCIONES FUERTES
DECISIONES SABIAS

EL ARTE DE DECIDIR LO MEJOR
CUANDO SIENTES LO PEOR

La misión de Editorial Vida es ser la compañía líder en satisfacer las necesidades de las personas con recursos cuyo contenido glorifique al Señor Jesucristo y promueva principios bíblicos.

EMOCIONES FUERTES, DECISIONES SABIAS
Edición en español publicada por
Editorial Vida – 2014
Miami, Florida

Editora en Jefe: *Graciela Lelli*
Traducción: *Wendy Bello*
Edición: *Madeline Díaz*
Adaptación del diseño al español: *ThePixelStorm*

ISBN: 978-0-8297-6480-2

CATEGORÍA: Vida cristiana / Crecimiento espiritual

*Lo que sucede entre las fotografías sonrientes de la vida
no es muy lindo.
Estoy dispuesta a reconocerlo.
Y admiro a mis amigas que también son lo suficiente valientes
como para admitir este desastre también.
Les dedico estas palabras mientras comenzamos a progresar juntas
de manera imperfecta.*

Contenido

Reconocimientos

C on un profundo aprecio les doy las gracias a las personas valiosas que se relacionan a continuación. Aunque solo aparece mi nombre como la autora, cada una de estas almas queridas desempeñó un papel vital en el desarrollo de este mensaje. Muchas han vivido conmigo las altas y bajas de mis propios momentos descontrolados. Y aun así me quieren.

¡Qué dulce gracia me han mostrado! Los aprecio mucho a todos.

Mis favoritos, Art, Jackson, Hope, Mark, Ashley y Brooke: ustedes son las respuestas a las oraciones que hice cuando era una niñita.

LeAnn Rice, Renee Swope, Karen Ehman, Holly Good, Genia Rogers, Mary Ann Ruff y Amy King: amigas asombrosas y líderes preciosas.

Glynnis Whitwer: una persona alentadora y desenredadora de palabras. (¿Será que esa palabra existe?) Sonríe.

El equipo de Proverbios 31: hermanas del alma.

Iglesia Elevation, pastor y Holly, Chunks y Amy: ustedes entretejen verdades transformadoras en mi vida. Gracias por su apoyo constante y su estupendo liderazgo.

Meredith Brock, Jennie Stills y Lindsay Kreis: regalos de Dios.

Nicki Koziarz, Samantha Reed y Melissa Taylor: siervas preciosas y animadoras maravillosas.

Laci Watson: líder extraordinaria del grupo In the Loop.

Cile Wison: investigadora y amiga maravillosa.

Tina Clark y Lisa Cheramie: ustedes hacen que los lugares simples donde yo escribo sean bellos.

Jenny Reynolds y Shaunti Feldhahn: ¡dos de las mujeres más inteligentes que conozco!

Esther Fedorkevich y Sandy Vander Zicht: más que una agente y una editora, son amigas preciosas.

Scott MacDonald, Tracy Danz, Don Gates, Alicia Mey y Greg Clouse: trabajar con todos mis amigos de Zondervan es un sueño. Ustedes no son solo una casa publicadora, son mis verdaderos compañeros en el ministerio.

Una invitación
al progreso imperfecto

Las emociones no son malas, pero trata de decirle eso a mi cerebro a las dos y ocho de la madrugada cuando debiera estar durmiendo en lugar de recriminándome en mi mente. ¿Por qué me descompuse tanto a causa de las toallas? Toallas, santo cielo. ¡*Toallas!*

El baño del cuarto principal es el baño favorito de nuestra casa. Aunque mis tres hijas comparten un baño pequeño en el piso de arriba, todas prefieren más nuestro baño espacioso en el piso de abajo. Por lo tanto, a menudo las toallas de nuestro baño son secuestradas. Salgo de la bañadera y trato de alcanzar la toalla recién lavada que colgué el día anterior en el toallero... y entonces descubro que no está ahí. ¡Vaya! Así que termino usando una toalla de manos. (Una toalla de manos. ¿Te imaginas mi sufrimiento?) Y mientras uso la mencionada toalla de manos, mascullo entre dientes: «Les voy a prohibir a las niñas usar nuestro baño». Luego, por supuesto, nunca hago nada para mejorar la situación. Y esta misma escena se repite una y otra vez.

Había estado lidiando con el asunto de la toalla, o la falta de la misma, durante bastante tiempo antes de que Art se involucrara. Hasta este momento de algún modo él se las había arreglado para escapar del problema de tener que usar una toalla de manos, pero no en esta ocasión. Y no lo hizo muy feliz descubrir que no había otra cosa que aire en el lugar donde debió haber estado la toalla.

Puesto que andaba cerca, me pidió de favor que le buscara una toalla. Subí al segundo piso, convencida de que encontraría cada una de las toallas que tenemos desparramadas por las habitaciones de mis hijas. Mientras subía, subía y subía las escaleras, iba preparando un pequeño discurso de regaño. Con cada paso me volvía más y más severa; pero al revisar las habitaciones, no había toallas. Ninguna. ¿Cómo era posible? Desconcertada por completo, me fui a la lavandería. No, allí tampoco había toallas. ¿Qué estaba pasando? Mientras tanto, sentía un nudo de tensión ciñendo mi cuello mientras Art me pedía otra vez una toalla.

—¡Ya voy, por todos los cielos! —le respondí bruscamente mientras caminaba hasta el clóset de la ropa blanca donde se guardan las toallas de playa—. Vas a tener que usar una de estas —le dije mientras le lanzaba por encima de la puerta de la ducha una enorme toalla de playa con un dibujo de Barbie.

—¿Qué? —preguntó él—. ¿Esta no es la toalla donde duermen los perros?

—Ay, por favor, estaba limpia y doblada en el clóset de la ropa blanca. ¡No te hubiera dado una toalla que los perros hubieran usado!

Ahora mi voz ya sonaba estridente y era claro que estaba muy molesta.

—Uffff, ¿será mucho pedir tener una toalla limpia?

Art estaba haciendo una pregunta, pero a mí me parecía más una afirmación. Un juicio. Hacia mí.

—¡¿Por qué tú siempre haces eso?! —grité—. ¡Tomas un error pequeño y lo conviertes en un ataque contra mí! ¿Acaso yo tomé las toallas y las escondí quién sabe dónde? ¡No! ¿Dejé que los perros durmieran en la toalla de Barbie? ¡No! Y además, esa no es la toalla de Barbie donde estaban durmiendo los perros. Tenemos *tres* toallas de Barbie. ¡Vaya! Ahí tienes la bendita explicación del tema de la toalla. ¡Y nada de esto es culpa mía!

Subí las escaleras enfurruñada para darles un buen discurso a las niñas.

—¡Nunca! ¡Nunca! ¡Jamás! ¡Ustedes *no* pueden usar las toallas de nuestro baño nunca, nunca, nunca *más*! ¡¿Me entienden?!

Las niñas solo me miraban, atónitas de que yo estuviera tan molesta por causa de unas toallas, y luego empezaron a declarar efusivamente que ellas no tenían dichas toallas.

Bajé las escaleras, agarré mi cartera, tiré la puerta y salí chirriando las gomas del auto muy enojada de camino a una reunión. Una reunión para la que ahora estaba atrasada y en la que no tenía ganas de participar. Seguro que era una reunión en la que iban a hablar de ser amable con la familia. No lo sé. Mi mente se mantuvo desenfocada durante el resto del día.

Y ahora son las dos y ocho de la madrugada y no puedo dormir. Estoy afligida por la manera en que actué hoy. Me siento desilusionada por mi falta de control. Estoy triste porque acusé a las niñas y luego encontré las toallas en el cuarto de mi hijo. Imagínate. Y mientras más revivo mi diatriba contra las toallas, más se niega mi cerebro a dormir.

Tengo que resolver esto. ¿Cuál es mi problema? ¿Por qué no puedo controlar mis reacciones? Me voy guardando todo. Luego exploto. Y no sé cómo manejar esto. Sin embargo, que Dios me ayude si no logro hacerlo. Voy a destruir las relaciones que más valoro y entretejeré mi vida con hebras permanentes de poca paciencia, vergüenza, temor y frustración. ¿Es eso lo que quiero en realidad? ¿Deseo que mi lápida diga: «Bueno, en los días en que era agradable, realmente lo era... pero en los días en que no, no te quepa duda, no había nada más de temer que la mujer que yace bajo esta tumba»?

No. Eso no es lo que quiero. En lo absoluto. No deseo que el guión de mi vida se escriba de esa manera. Así que, a las dos y ocho de la madrugada, prometo que mañana me portaré mejor. No obstante, mejor resulta ser algo impreciso, y mi voto se desvanece ante las molestias cotidianas y otras realidades muy poco agradables. Las lágrimas corren y estoy cansada de intentarlo. Siempre intentarlo.

Así que, ¿quién dice que las emociones no son malas? A mí me parece que las mías lo son. Me siento alterada. En realidad, deshecha. He prometido esforzarme más a las 2:08 a.m. y a las 8:14 a.m. y a las 3:37 p.m. y a las 9:49 p.m., y muchas otras veces más. Sé lo que es alabar a Dios en un momento y al siguiente gritarle a uno de mis hijos, y luego sentir la carga de mi conducta destructiva y la vergüenza de mi impotencia para detenerla.

También sé lo que es ser la receptora de una conducta descontrolada y experimentar el dolor de la falta de respeto que me hace querer herir al que me hirió.

Sé lo que es alabar a Dios en un momento y al siguiente gritarle a uno de mis hijos.

Y las necesidades emocionales siguen llegando. Una inseguridad implacable. Me pregunto si alguien me aprecia. Me siento cansada, estresada y con las hormonas revueltas.

En verdad, sentirme bajo el peso de las emociones fuertes es lo único que he experimentado. Y estoy comenzando a preguntarme si siempre será así.

Esos eran los sentimientos de derrota de los que no podía escapar. Tal vez te identificas con ellos. Si te identificas con mi dolor, oro que también te identifiques con mi esperanza.

La esperanza del progreso imperfecto

Lo que me impedía hacer cambios era la sensación de que no lo haría de manera perfecta. Sabía que de todos modos echaría a perder las cosas y que los cambios no vendrían de inmediato. A veces las mujeres pensamos que si no progresamos enseguida, el cambio verdadero no se producirá. Sin embargo, no es así. Existe una hermosa realidad llamada *progreso imperfecto*. El día en que entendí la gloriosa esperanza de este tipo de cambio imperfecto fue el día en que me di permiso para creer que en realidad podía ser diferente.

Los cambios imperfectos son pasos pequeños de progreso envueltos en gracia... un progreso imperfecto. ¡Y, cielos, yo necesito mucho de eso! Así que me atreví a escribir esto en mi diario:

Progresa. Solo progresa. Está bien tener reveses y la necesidad de volver a hacerlo. Está bien trazar una línea en la arena y empezar de nuevo... y de nuevo. Solo asegúrate de seguir moviendo la línea hacia delante. Avanza. Da pasitos de bebé, pero al menos da pasos que impidan que te quedes atascada. Entonces vendrá el cambio. Y será bueno.

Estas palabras honestas me permitieron comenzar a reescribir mi historia. No es que borrara lo que sucedió antes, pero sí dejé de rememorarlo y empecé una nueva página. Con el tiempo comencé a escribir en mi blog sobre mis emociones fuertes y mis cambios imperfectos. Como respuesta a eso recibí comentarios que decían: «Yo también». «El descontrol para mí se produce por una combinación de enojo con miedo», escribió Kathy. «Creo que una parte de eso es un comportamiento aprendido. Así era mi papá». Courtney reconoció con honestidad: «Me siento descompuesta cuando creo que no tengo el control porque mis hijos están gritando o peleando, o quejándose, o poniéndose de acuerdo y no me escuchan. A mí me gusta el silencio, la tranquilidad, la obediencia y el control. Cuando las cosas no salen "a mi manera", me descontrolo y enloquezco, y entonces todo se calma. Luego viene el remordimiento».

Y los comentarios siguieron llegando, todos expresaban la misma lucha, la misma frustración y la misma necesidad de esperanza. Mujeres con hijos y mujeres sin hijos. Mujeres a cargo de padres ancianos y mujeres que luchan porque ellas son esas madres que están envejeciendo. Mujeres que trabajan en casa y fuera de casa. Muchas mujeres cuyas circunstancias cotidianas diferían, pero cuyos problemas eran los mismos.

Me di cuenta de que tal vez otras mujeres también podrían progresar de manera imperfecta. Y este libro nació al entender ese simple hecho. No obstante, tuve que reírme ante la ironía del asunto. Acababa de publicar un libro llamado *Fui hecha para desear* que trataba sobre lo que entra en mi boca. Ahora estaba escribiendo un libro llamado *Emociones fuertes, decisiones sabias* que trata sobre lo que sale de mi boca.

Emociones fuertes, decisiones sabias trata del progreso imperfecto, de volver a escribir el guión continuo de mi vida y rehacer mis emociones descontroladas. Reconozco con honestidad que esta lucha para refrenar cómo reacciono ha sido difícil para mí. Con todo, eso no significa que sea imposible.

Lo difícil de algo a menudo depende de la posición estratégica que uno tenga. Por

Los cambios imperfectos son pasos pequeños de progreso envueltos en gracia... un progreso imperfecto.

ejemplo, piensa en la cáscara de un huevo. Si uno la mira desde afuera, sabemos que la cáscara de un huevo se rompe fácilmente. No obstante, si uno mira a esa misma cáscara desde adentro, parece una fortaleza impenetrable. Es imposible que la clara cruda y la yema tierna penetren la dureza de la cáscara. Sin embargo, con tiempo y la incubación adecuada, la clara y la yema se convierten en una vida nueva que atraviesa la cáscara y se libera. Al final podemos ver que el arduo trabajo de romper la cáscara fue bueno para el pollito que nació. La cáscara en realidad proveyó un lugar para que esa nueva vida creciera y luego permitió que el pollito saliera con fuerza.

¿Será esto también cierto con relación a *nuestros* momentos difíciles? ¿Será que toda esa lucha con nuestras emociones fuertes y sentimientos descontrolados tendrá el mismo potencial de producir vida y fortaleza nuevas?

Yo creo que sí. Lo sé. Lo he visto.

En realidad, las emociones no son malas.

La promesa del progreso

Dios nos dio emociones. Las emociones nos permiten sentir la vida a medida que la experimentamos. Debido a que sentimos, nos comunicamos. Compartimos la risa y conocemos el don de la compenetración. Nuestras emociones son lo que nos permite beber a fondo del amor y atesorarlo. Y sí, también experimentamos emociones difíciles como la tristeza, el temor, la vergüenza y la ira. Sin embargo, ¿serán ellas también importantes? Así como tocar una estufa caliente le indica a nuestra mano que se aparte, ¿podrían nuestras emociones acaloradas indicarnos un posible peligro?

Sí, pero debo recordar que Dios me dio las emociones para que pudiera experimentar la vida, no destruirla. Todo esto encierra una gentil disciplina. Una que estoy aprendiendo.

Así que, en medio de mi lucha y desde el fondo de mi corazón, garabateé palabras sobre las lecciones aprendidas, las estrategias descubiertas, las Escrituras aplicadas, las imperfecciones comprendidas y la gracia aceptada. Escribí sobre la paz que encontré, la paz en el lugar equivocado, los errores reconocidos y el perdón recordado. Celebré el progreso logrado.

Y esa es la promesa de este libro. Progreso. Nada más. Nada menos. No buscaremos un cambio instantáneo ni remedios rápidos. Buscaremos progreso. Un progreso que perdure luego de que le des vuelta a la última página de este libro.

Caminaremos juntas en nuestro progreso. No estás sola. Ni yo tampoco. ¿No resulta agradable saberlo? ¿No es bueno tener este pequeño espacio y tiempo juntas donde podemos ser vulnerables con relación a lo que hemos ocultado en nuestro interior y ser honestas sobre lo que hemos proferido?

Habrá tierna misericordia para las emociones fuertes. No hay necesidad de doblarnos por el peso de los errores del pasado. Eso solo nos quebranta. Y ya hemos estado lo suficiente quebrantadas aquí. No, no nos doblaremos por el peso de nuestro pasado, sino nos inclinaremos ante aquel que tiene la esperanza para un futuro mejor. Es un futuro lleno de verdad en el que Dios revela cómo las emociones pueden obrar a nuestro favor y no en contra nuestra.

Nuestro progreso surge de esta verdad, está envuelto en la comprensión de que nuestras emociones pueden ayudarnos y no perjudicarnos. Y entonces seremos capaces de cultivar el progreso, alimentarlo y verlo crecer.

Con el tiempo, otros empezarán a verlo y notarlo. Eso es progreso, un progreso encantador. Resulta imperfecto, pero es progreso de todas maneras.

Amiga querida, hay una razón por la cual estás leyendo estas palabras. Compartimos una herida. Sin embargo, ¿podemos también beber juntas del vaso de la esperanza, la gracia y la paz de Dios? Aquí tienes una página en blanco para empezar. Un nuevo guión espera ser escrito. Y juntas seremos las mujeres valientes que reúnen sus experiencias con las emociones descontroladas y las cambian por algo nuevo. Un camino nuevo. Perspectivas nuevas. Una nueva yo. Una nueva tú. Será muy bueno que hagamos juntas este progreso imperfecto.

Dios me dio las emociones para que pudiera experimentar la vida, no destruirla.

No soy una mujer descontrolada

E l pánico me hacía golpear las teclas *control*, *alt* y *delete* al mismo tiempo. «*¡Por favor!* ¡No, no, no, no, no, no, no!» Apagué la computadora, la reinicié y esperé más allá de toda razón que este pequeño fallo fuera en verdad pequeño.

«Funciona, por favor», susurraba con urgencia, con la esperanza de apelar al lado tierno de esta máquina que no tenía idea de cómo arreglar.

Mi hija quería mostrarme algo buenísimo en la computadora, así que nos acurrucamos y esperamos a que el sitio se cargara. En cambio, de pronto apareció una caja negra de advertencia que cubría casi toda la pantalla. Uno sabe que no es nada bueno que la pantalla de la computadora te pida que pagues con tu tarjeta de crédito $49.95 al Programa de Seguridad de Internet, ya que has quedado infectada con algo que solo ellos pueden arreglar. Sabía que era una estafa.

Sin embargo, también me percataba de que yo no le importaba a cualquiera que estuviera detrás de esto, ni el proyecto que tenía que entregar el viernes y que ahora se encontraba atrapado dentro de esta computadora, ni mis repentinas emociones fuertes y enmarañadas. Ciertos cerebros malvados con demasiado tiempo en sus manos y propensos al delito habían tomado a mi computadora de rehén. Todo lo que hice para tratar de detener el virus solo lo empeoró.

Agarré el teléfono para llamar al técnico que me arregla la computadora y descubrí que algo también andaba mal en mi teléfono. Toda mi lista de contactos había desaparecido. ¿Qué? ¡Ni siquiera tenía el teléfono cerca de la computadora! ¿Cómo era posible que mi teléfono y mi computadora se hubieran descompuesto a la misma vez?

El corazón me latía muy rápido. «¡Esto tiene que ser una broma!», grité mientras golpeaba el costado del teléfono contra la palma de mi mano. Seguro que una pequeña sacudida arreglaría lo que fuera que se hubiera desconectado allá dentro. Seguro.

Entonces las cosas empeoraron de manera inexplicable. De repente, me pareció que estaba viviendo la letra de una terrible canción country cuando, además de todos los problemas técnicos que experimentaba, mi perro empezó a vomitar por toda la alfombra de mi cuarto. Claro, tenía que ser en la alfombra. El noventa y nueve por ciento del piso en la parte de abajo es de madera o de losa, lo que hace más fácil limpiarlo. No obstante, lo fácil no funcionaba en este momento.

Para nada.

Seguro que alguno de mis hijos querría ayudarme. Sin embargo, la única respuesta que obtuve a mi orden de que alguien limpiara lo que había hecho el perro para poder ponerle fin a mi Armagedón tecnológico fueron lamentos.

Era demasiado. Y demasiado rápido. La tormenta perfecta. Y aunque me había prometido a mí misma una y otra vez que no explotaría, lo hice.

«¡Nunca, nunca, nunca ningún niño de esta casa podrá jamás tocar mi computadora! ¡Y si el vómito no está limpio antes de que regrese a mi cuarto, voy a regalar el perro!»

Esa noche no me darían ningún premio tipo Proverbios 31.

No habría hijos que se levantaran y me llamaran bienaventurada.

Ningún esposo haría alarde de mí en las puertas de la ciudad.

Nada de afrontar segura el porvenir.

En realidad, no hubo más que lágrimas y remordimientos. Montones grandes, enormes, de remordimientos. Y vómito de perro. Y una computadora rota. Y un teléfono celular sicótico.

Me fui a la cama con la sensación de que una nube repulsiva envolvía mi cabeza. Aquel día no tuvo un final bonito. No hubo un momento redentor. Ninguna epifanía en mi conciencia que me mostrara cómo arreglarlo todo. Solo más cosas en mi lista de tareas por hacer, que ya era abrumadora.

Al día siguiente fui a ver a uno de esos técnicos en computadoras muy brillantes con la esperanza de que pudiera apretar un simple botón y todo quedara solucionado con mi computadora, mi teléfono y mi perro. Sí, llámenme Ingenua. Al final, él no sabía nada de celulares ni de perros, y no había manera de arreglar mi computadora con solo apretar un botón. Todo el sistema operativo de mi computadora portátil se hallaba corrompido. Sin embargo, pudo recuperar la mayoría de lo que había en el disco duro. Lo descargó a un disco duro externo y luego lo copió a una computadora nueva. Una computadora nueva que costó un dinero que no tenía planificado gastar.

Sentí alivio al tener otra vez una computadora que funcionara, pero me molestaba que todo aquello hubiera sucedido. Hasta que...

Un mes después me robaron mi computadora nueva. Ya sé. Difícil de creer, aunque dolorosamente cierto.

Llamé llorosa al mismo técnico brillante en computadoras. Contra toda esperanza y razón quería saber si todavía tenía mi vieja computadora corrompida con el virus, para así poder recuperar una vez más alguna información del disco duro. Él confirmó mis temores: había botado la computadora. Sin embargo, también me recordó sobre el disco duro externo que había usado para la transferencia. De pronto, consideré el virus de la computadora original como una de las mejores cosas que me hubieran sucedido jamás. Me había obligado a hacer una copia de seguridad de toda mi computadora en un disco duro externo. Este disco duro externo fue un regalo maravilloso el día en que mi computadora nueva desapareció. Si el equipo original nunca hubiera tenido el virus, jamás me hubiera tomado el tiempo de hacerle una copia de seguridad a mi computadora. El virus que una vez pareció una maldición se convirtió en un regalo preciado. En realidad, se convirtió en un regalo en varios sentidos.

En aquel momento alcancé a ver la importancia de la perspectiva. ¡En medio de mi última tragedia con las computadoras, mantuve la calma! Fue una sensación extraña y fortalecedora. A lo largo de este libro hablaremos mucho sobre cambiar nuestra perspectiva, ya que la misma es clave para no perder el control. En mi caso, la perspectiva no solo me ayuda a ver la circunstancia que estoy enfrentando desde un punto de vista estratégico nuevo, sino también me permite procesar las cosas en el futuro de una manera más calmada, más fundamentada. Me ayuda a desarrollar una nueva forma de pensar. Y no se trata de una teoría que he observado en mi vida. Ese es realmente el modo en que Dios nos programó.

Cambiemos nuestros patrones de pensamiento

Las investigaciones neurológicas muestran que cada pensamiento consciente que tenemos se graba en nuestro disco duro interno, conocido como la corteza cerebral. Cada pensamiento marca la superficie como si fuera una pizarra mágica de juguete (Telesketch). Cuando tenemos otra vez el mismo pensamiento, la línea del pensamiento original se profundiza y provoca lo que se conoce como un trazo de la memoria. Con cada repetición el trazo se hace cada vez más profundo, formándose e incorporándose un patrón de pensamiento. Cuando una emoción se vincula a este patrón de pensamiento, el trazo de la memoria se vuelve más fuerte de manera exponencial.

Olvidamos la mayoría de nuestros pensamientos aleatorios que no están ligados a una emoción. Sin embargo, aquellos que pensamos a menudo y están vinculados a una emoción, los retenemos. Por ejemplo, si hemos pensado una y otra vez que estamos «descontroladas» y ese pensamiento está ligado a una emoción fuerte, profundizamos el trazo de la memoria cuando una y otra vez accedemos a ese pensamiento. Lo mismo sucede si decidimos guardar un pensamiento: perpetuaremos esa acumulación. O si gritamos, seguiremos haciéndolo.

Resulta crucial renovar nuestra mente con nuevos pensamientos. Los pensamientos nuevos vienen al tener perspectivas nuevas.

No desarrollaremos respuestas nuevas hasta que desarrollemos pensamientos nuevos. Es por eso que resulta crucial renovar nuestra mente con nuevos pensamientos.

Los pensamientos nuevos vienen al tener perspectivas nuevas. La Biblia motiva este proceso, lo cual tiene mucho sentido porque Dios creó la mente humana y comprende mejor que nadie cómo funciona. Una enseñanza fundamental de las Escrituras es que resulta posible ser cambiado por completo mediante la transformación de nuestros patrones de pensamiento:

No se amolden al mundo actual, sino sean transformados mediante la renovación de su mente. Así podrán comprobar cuál es la voluntad de Dios, buena, agradable y perfecta (Romanos 12.2).

Las Escrituras también nos enseñan que podemos aceptar o rechazar los pensamientos. En lugar de que los antiguos patrones de pensamiento nos tomen como rehenes, podemos en realidad apresar nuestros pensamientos y permitir que el poder de la verdad de Cristo los cambie:

Destruimos argumentos y toda altivez que se levanta contra el conocimiento de Dios, y llevamos cautivo todo pensamiento para que se someta a Cristo (2 Corintios 10.5).

No sé tú, pero entender cómo está diseñado mi cerebro hace que estos versículos cobren vida de un modo totalmente nuevo para mí. Llevar los pensamientos cautivos y ser transformados por una nueva manera de pensar no es una forma de control mental de la Nueva Era. Es algo bíblico y se corresponde con el modo en que Dios diseñó nuestros cerebros. No puedo controlar las cosas que me suceden cada día, pero puedo controlar cómo pienso al respecto. Puedo decirme a mí misma: «Poseo la opción de tener pensamientos destructivos o constructivos ahora mismo. Puedo regodearme en lo que está mal y empeorar las cosas, o pedirle a Dios que me dé una perspectiva mejor para que me ayude a *ver* lo bueno incluso cuando no me *sienta* bien». En realidad, cuando tenemos una nueva perspectiva podemos ver nuevas formas de pensar.

La perspectiva me enseñó una lección muy valiosa mediante la catástrofe con mi computadora:

Puedo enfrentar las cosas que están fuera de mi control
y no actuar fuera de control.

Actuar fuera de control solo aumenta mis problemas. ¡Y he hecho esto una y otra vez! No obstante, con la computadora, comprendí que ponerme nerviosa por eso no resolvió nada. Solo añadió más estrés y ansiedad a una situación que ya estaba tensa. Sí, puedo enfrentar las cosas que están fuera de mi control y no actuar fuera de control. Ese sería mi pensamiento nuevo. Ese sería mi nuevo trazo de memoria. Ese sería mi nuevo patrón.

Sin embargo, no podía simplemente decirlo o pensarlo. Tenía que creerlo. Y para creerlo, precisaba resolver un problema de confianza en mi corazón. *¿Podía confiar en Dios y creer que él está obrando para bien incluso en las situaciones que no parecen buenas?* Si sé que hay un posible bien escondido en cada situación caótica, puedo soltar el control.

Es más fácil soltar el control cuando puedo ver lo bueno. Cuando no puedo verlo de manera inmediata, soltar el control se convierte en un problema de confianza. De cualquier modo, siempre que crea —que lo crea de verdad— que Dios está presente y se haya decidido a buscar mi bien, puedo dejar de desesperarme tratando de arreglar las cosas por mi cuenta. Puedo descansar en el hecho de que Dios tiene el control. Esto significa que puedo enfrentar cosas que están fuera de mi control y no actuar fuera de control.

Puedo enfrentar las cosas que están fuera de mi control y no actuar fuera de control.

Sí, es una lección difícil de aprender, pero resulta crucial.

La pregunta de Josué

Josué tuvo que aprender a lidiar con algo que estaba fuera de su control sin perder el control cuando enfrentó el impenetrable muro de Jericó. Esta es una historia bíblica bastante popular, pero antes de que empieces a saltar las páginas pensando: «¡Eso ya me lo sé!»... ¡espera! Hay una pequeña parte de esta historia que no había descubierto hasta hace poco. Y creo que lo que le sucedió a Josué justo antes de dar las órdenes de partida es una de las lecciones más significativas de todo el relato.

Se trata de una lección envuelta en una pregunta que hizo Josué. Una pregunta que revela mucho acerca de los pensamientos de este líder y que sería sabio que nosotras hiciéramos. Una pregunta crucial. Sin embargo, antes de llegar a la pregunta es importante que tengamos una comprensión clara del contexto.

Dios instruyó a Josué para que dirigiera a los israelitas en la captura de la ciudad de Jericó. No obstante, había un problema. Jericó estaba protegida por un muro enorme que rodeaba toda la ciudad.

Tuve una idea de cómo es una ciudad amurallada cuando visité el Vaticano en Roma este verano. Resulta asombroso. Me quedé parada en la base de esta muralla que tiene varios pisos de altura y pensé en Josué y cómo debe haber sido para él pararse frente al muro de Jericó, que era todavía más alto. Y sentí el peso de lo imposible.

Si tú fueras Josué tratando de formular un plan de batalla, verías que Jericó estaba construida sobre una colina rodeada de un dique y con un muro de piedra de casi cinco metros a su alrededor. Encima de este muro de contención verías otro muro de ladrillos que tenía aproximadamente dos metros de ancho y ocho metros de altura. Esa muralla en sí resultaría bastante intimidante, pero no sería la única fortificación que tendrías que vencer. Alrededor de este muro había otro de tamaño similar, de casi catorce metros de altura sobre el nivel del suelo. Al estar parados en la base del muro de contención exterior parecía que las dos paredes juntas medían más de veinte metros de altura. Sin lugar a dudas sería imposible para los israelitas vencer esta fortificación por su cuenta.[1]

Piensa lo que sería mirar esas paredes, sentir el peso de la tarea frente a ti, y saber que debes comunicarle a tu gente un plan que no tiene ningún sentido según el razonamiento humano. Así es como la Biblia lo describe:

> Las puertas de Jericó estaban bien aseguradas por temor a los israelitas; nadie podía salir o entrar. Pero el SEÑOR le dijo a Josué: «¡He entregado en tus manos a Jericó, y a su rey con sus

guerreros! Tú y tus soldados marcharán una vez alrededor de la ciudad; así lo harán durante seis días. Siete sacerdotes llevarán trompetas hechas de cuernos de carneros, y marcharán frente al arca. El séptimo día ustedes marcharán siete veces alrededor de la ciudad, mientras los sacerdotes tocan las trompetas. Cuando todos escuchen el toque de guerra, el pueblo deberá gritar a voz en cuello. Entonces los muros de la ciudad se derrumbarán, y cada uno entrará sin impedimento» (Josué 6.1–5).

¿Eso es todo?

¿Es eso lo que él va a decirles a las personas cuyos antepasados habían visto esos muros y dijeron en Cades Barnea acerca de las ciudades de Canaán que eran «grandes y tienen muros que llegan hasta el cielo» (Deuteronomio 1.28)?

¿Te imaginas los mensajes tuit, los artículos en los blogs y los reportajes noticiosos de última hora? Josué iba a marchar alrededor de la ciudad una vez al día durante seis días seguidos, y luego siete veces más al séptimo día mientras tocaban las trompetas. Después de marchar y tocar, la gente gritaría y las murallas —las enormes, imposibles e impenetrables murallas de Jericó— caerían. Sencillamente se desplomarían. Fin.

Si alguna vez Josué experimentó un momento en el cual sentirse abrumado al enfrentar una situación completamente fuera de su control, habría sido este. El plan era una locura. A menos que hubiera una intervención milagrosa de parte de Dios, no funcionaría. Josué quedaría avergonzado. Su pueblo sería derrotado. Y para aquellos que no creían, el Dios de Israel quedaría revelado como nada más que un invento de la imaginación hiperactiva de Josué.

¡Eso sí que es presión!

Sin embargo, todo eso es parte de la historia que probablemente conoces. ¿Dónde está la partecita menos conocida? ¿De la que menos se habla? ¿De la que menos se predica? ¿Dónde está la pregunta significativa que mencioné?

Se encuentra al final de Josué 5, cuando él sale a examinar los muros antes de recibir las órdenes de parte de Dios.

Ahí estaba Josué. Y ahí estaban los muros.

A pesar de su larga experiencia militar, él nunca había dirigido un ataque a una ciudad fortificada que estuviera tan bien preparada para un asedio prolongado. En realidad, de todas las ciudades fortificadas de Canaán, Jericó era probablemente la más invencible. También estaba el asunto de los armamentos. El ejército de Israel no tenía armamentos para sitiar, ni arietes, ni catapultas. Sus únicas armas eran hondas, flechas y lanzas... que resultaban como juguetes de paja contra los muros de Jericó. No obstante, Josué sabía que la batalla de Jericó debía ganarse, porque al haber cruzado el río Jordán las tropas de Israel no tenían lugar al que pudieran retirarse. Además, no podían evitar atacar la ciudad, ya que eso dejaría a sus mujeres, hijos, animales y bienes en Gilgal vulnerables a la destrucción.[2]

Josué, pensando en todas estas cosas, fue de pronto confrontado por un hombre con una espada desenvainada. Las Escrituras revelan que no era un simple ser humano, sino el «comandante del ejército del SEÑOR» (Josué 5.14), la presencia de Dios en forma humana. Al ver que el hombre estaba listo para la batalla, Josué le preguntó: «¿Es usted de los nuestros, o del enemigo?» (Josué 5.13).

En esta pregunta vemos la duda en Josué —un atisbo de sus pensamientos— una necesidad de certeza. Era una pregunta honesta, pero me hace sentir que Josué no caminaba con total confianza y seguridad. Si no fuera así, no habría preguntado. No obstante, lo hizo. Y es aquí donde suponemos que, por supuesto, la presencia de Dios responderá: «¡Josué, yo estoy contigo, a tu favor y a tu lado!».

Sin embargo, nuestra suposición estaría equivocada.

Cuando le preguntan: «¿Es usted de los nuestros, o del enemigo?», la presencia de Dios responde: «¡De ninguno!».

¿Por qué?

Porque Josué le hizo la pregunta incorrecta a la persona equivocada. La pregunta que tenía que hacer y que necesitaba responderse no era de qué lado estaba Dios. La verdadera pregunta tenía que hacérsela Josué a sí mismo: «¿De qué lado estoy *yo*?».

Lo mismo se cumple para nosotras. Cuando nos enfrentamos a una situación que está fuera de nuestro control, necesitamos preguntarnos: «¿De qué lado estoy?». ¿Reflejará nuestra respuesta que estamos del lado de Dios o no? Si decidimos que, sin importar lo que sea, estamos del lado de Dios, eso resuelve el problema de la confianza en nuestros corazones. Y si nos afianzamos en la realidad de que confiamos en Dios, podemos enfrentar las circunstancias que están fueran de nuestro control sin tener que actuar fuera de control. No siempre podemos solucionar nuestras circunstancias, pero podemos enfocar nuestras mentes en Dios. Podemos hacerlo.

Josué lo hizo.

Los siete sacerdotes que llevaban las trompetas tomaron la delantera y marcharon al frente del arca mientras tocaban sus trompetas. Los hombres armados marchaban al frente de ellos, y tras el arca del SEÑOR marchaba la retaguardia. ¡Nunca dejaron de oírse las trompetas! También en este segundo día marcharon una sola vez alrededor de Jericó, y luego regresaron al campamento. Así hicieron durante seis días. El séptimo día, a la salida del sol, se levantaron y marcharon alrededor de la ciudad tal como lo habían hecho los días anteriores, sólo que en ese día repitieron la marcha siete veces. A la séptima vuelta, los sacerdotes tocaron las trompetas, y Josué le ordenó al ejército: «¡Empiecen a gritar! ¡El SEÑOR les ha entregado la ciudad!» (Josué 6.13-16).

Y con eso, cayeron los muros de Jericó. Dejaron de ser un imposible.

Me gustaría borrar la palabra *imposible* de mi vocabulario. Sobre todo cuando se trata de mis luchas con sentirme descontrolada. Yo estoy del lado de Dios. Puedo reflejar eso en mis acciones y reacciones. Puedo enfrentar las cosas que están fuera de mi control sin actuar fuera de control.

Una buena elección

Aquella noche, mientras esperaba que el brillante técnico en computadoras cargara mi disco externo a otra computadora portátil, mi hija Ashley y yo cruzamos al centro comercial que está del otro lado de la calle. El centro comercial —con la multitud de gente y el llamado caótico de tienda tras tienda para que compre, compre y compre— no es mi lugar favorito. Sin embargo, en medio de todo aquello, mi hija me miró y me dijo: «¿Sabes lo que en verdad me gusta de ti? No eres una mujer descontrolada cuando pasan cosas malas».

No siempre podemos solucionar nuestras circunstancias, pero podemos enfocar nuestras mentes en Dios.

Yo quería llorar.

Porque la realidad es que he sido una mujer descontrolada demasiadas veces. Y lo detesto. No obstante, de algún modo, la buena elección de no descontrolarme cuando me robaron la computadora transformó la percepción de mi hija. Redefinió mi trayectoria. Una buena elección. Progreso imperfecto.

Si perder mi computadora fue necesario para tener esa experiencia con Ashley, con gusto la daría otra vez. (Nota para Jesús: *Sin dudas no estoy sugiriendo eso. En verdad, creo que aprendí esta lección y no necesito reemplazar otra vez mi computadora durante mucho tiempo.*)

Puedo enfrentar las cosas que están fuera de mi control y no actuar fuera de control.

No soy una mujer descontrolada.

Las prisioneras

L a sala del tribunal hizo silencio mientras el juez se preparaba para leer la sentencia. Toda esperanza, oración, espera y deseos de que pudiéramos cambiar las cosas, todas las súplicas por misericordia, habían llevado a esto. A este momento. A las palabras contenidas en ese papel. La sentencia para mi amiga Christina.

Mi corazón latía violentamente mientras miraba hacia delante. Lo único que veía era la parte de atrás de su cabeza sobre un cuerpo que al permanecer encorvado lucía dolorosamente pequeño. Christina se levantó y el juez abrió la boca para hablar.

Tres años atrás, Christina y yo pasamos horas juntas recorriendo tiendas de descuento en busca de cuadros y adornitos para decorar mi casa. Embellecer las casas con un presupuesto reducido era el arte de Christina. Ella resultaba una maestra en eso de encontrar un tesoro en un estante lleno de cosas rotas y desechadas con un tremendo descuento. De algún modo, veía el potencial en estas cosas descartadas que yo pasaba completamente por alto.

Christina podía visualizar estos tesoros rescatados como cosas bellas una vez que se quitaban del estante de la tienda y se colocaban en un lugar diferente: una repisa en mi sala de estar, un rincón de mi cocina o mi mesa de noche. «Confía en mí, quedará bello. Ya verás», me decía ella. Eso es lo que hace a un artista: la capacidad de ver más allá de lo que *es* a lo que *puede* ser.

«Oh, Dios», susurré entre dientes, «por favor, permite que Christina pueda hacer eso ahora, ver más allá de lo que es a lo que puede ser». Las lágrimas bañaban mis mejillas mientras el juez le decía que iría a la cárcel.

La cárcel.

La palabra sonaba dura. Christina tenía tres meses a fin de hacer los arreglos para su familia y luego la vida que conocía terminaría al menos por un año. Quizás más.

Christina había quedado atrapada en una confabulación de bienes raíces que ella ni había creado ni entendía del todo. Sin embargo, asumió la responsabilidad por sus errores y ahora pagaría un alto precio: su libertad. Esta amiga querida, la madre hermosa de dos niños pequeños, una artista con un gusto encantador, estaba a punto de convertirse en un número en una prisión.

Ese día salí de la sala del tribunal tratando de pensar en palabras de aliento para Christina. No tenía ninguna. Lo que hizo estuvo mal. Lo entendía. Ella lo entendía también. Y todos sabíamos que habría consecuencias, *debía* haber consecuencias. Sin embargo, aun así, eso no impedía que mi corazón se sintiera deshecho por completo ante la idea de que Christina fuera a la cárcel.

Una prisionera. Ese calificativo dice mucho. Y yo no quería que ese «mucho» definiera a mi amiga para siempre. ¿Sería capaz esta mujer, que siempre vio la belleza en las cosas rotas y desechadas del mundo, de ver de algún modo la belleza oculta en su propia vida? ¿Podría escucharle decir algún día otra vez: «Confía en mí, quedará bello. Ya verás»?

¿Podría *yo* ver lo roto convertido en hermoso por ella, incluso en esto?

¿O sería que esta parte de su vida la definiría por siempre, la encasillaría como la mujer que estuvo presa?

Las etiquetas

Las etiquetas son terribles. Nos encierran en categorías de las cuales es difícil escapar. Yo debería saberlo. Aunque nunca he sido una reclusa con un número en una prisión federal, me he puesto etiquetas que sin dudas me han encerrado en lugares difíciles. Tal vez tú también estás familiarizada con las etiquetas...

> *Soy una persona iracunda.*
> *Soy una fracasada.*
> *Soy gritona.*
> *Soy de las que ocultan.*
> *Soy igualita a mi madre.*
> *Soy un desastre.*
> *Soy demasiado complaciente.*
> *Soy una idiota.*
> *Soy insegura.*
> *Soy una descontrolada.*

Y la lista continúa.

Bueno, aprendí una lección poderosa sobre las etiquetas en un lugar bastante inesperado: un libro para niños. Lo cual es simplemente divertido porque (no se lo digas a mis hijos) soy la reina en lo que respecta a saltarse las páginas en los libros de niños e inventar mi propio cuento. Las mamás cansadas hacen esas cosas. Así que el hecho de que leyera este libro palabra por palabra resulta realmente asombroso.

Tú eres especial, de Max Lucado, es un libro fantástico. Quizás tú también lo leíste. El personaje principal, Ponchinello, es uno de los wemmicks, unas personas pequeñas hechas de madera que se pasan los días pegándose unos a otros puntos grises o estrellas doradas. A Ponchinello le es difícil lidiar con las etiquetas negativas —los horribles puntos grises— que los otros wemmicks le han pegado. El gran momento del cuento llega cuando alguien le dice a Ponchinello: «Las etiquetas únicamente se pegan si tú permites que lo hagan».

> *Las etiquetas son terribles. Nos encierran en categorías de las cuales es difícil escapar.*

Sé que es un cuento para niños, pero debo decir que estas palabras representaron una epifanía para mí, incluso siendo adulta. *Las etiquetas únicamente se pegan si yo permito que lo hagan.* Esa fue una revelación total, sobre todo en relación con las etiquetas que me pongo a mí misma. Esas etiquetas comienzan como hebras pequeñas de descontento personal, pero al final se entretejen en una camisa de fuerza de autocondenación.

Cuando pensé en la terrible etiqueta que Christina podría llevar consigo por el resto de su vida, me di cuenta de que ella no era la única prisionera aquel día en la sala del tribunal. Yo estaba presa en una cárcel que yo misma había diseñado, encerrada tras las muchas, muchas etiquetas que me había puesto a lo largo de los años. Me había resignado a la mentira de que para siempre sería esclava de mis emociones. Y me había hablado a mí misma de maneras en que nunca le permitiría a otra persona que me hablara:

Eres muy gorda.
Tú siempre _____.
Las cosas nunca mejorarán. Eres simplemente _____.

Llenaba todos los espacios en blanco con etiquetas condenatorias que me destruían.

Consideremos, por ejemplo, mi lucha con la organización. Durante meses mi clóset desarreglado fue una fuente de disputa mental. Cada día entraba y salía de ese pequeño espacio pensando: *¡Ay! ¿Por qué soy tan desorganizada? ¿Por qué no puedo tener un clóset como el de fulana y mengana? No creo que ella tenga problemas con mantener las cosas en orden. Soy un desastre.*

Me catalogaba como una desordenada y luego me resignaba a la idea de que siempre sería así.

Hacía lo mismo con la tendencia de mi familia a llegar tarde. Detesto llegar tarde; sin embargo, la realidad de llevar a tiempo a cinco muchachos a cualquier parte es un desafío. No obstante, en lugar de enfrentar el desafío y establecer parámetros para asegurarnos de salir a tiempo, solo me sentía derrotada. *Estoy atrasada y siempre llegaré tarde. ¿Para qué tratar de ser puntual?* Entonces me ponía la etiqueta de ser una persona que llegaba tarde y me resignaba a la idea de llegar siempre retrasada.

Atrapada en esta camisa de fuerza estaba una chica que se moría por liberarse de todas las etiquetas contraproducentes. Algunas prisiones no requieren barrotes para mantener a las personas encerradas. Lo único que se necesita es su percepción de que ese es el lugar al que pertenecen. Un alma que cree que no puede irse... no se va.

Sin embargo, ¿qué puede hacer una chica? Sabemos que tenemos problemas y ponernos etiquetas es lo que hacemos de forma natural... es lo

> *Un alma que cree que no puede irse... no se va.*

único que hacemos. Nos ponemos etiquetas según el modo en que actuamos. No sabemos hacer otra cosa.

Yo no sabía hacer nada más... hasta que vi una manera distinta.

La escultura incompleta

Otra vez ocurrió en un lugar inesperado. Así como muy pocas veces leo palabra por palabra los libros para niños, tampoco visito los museos con mucha frecuencia. Sin embargo, había leído cosas fascinantes sobre el *David* de Miguel Ángel, de modo que me propuse ir y ver el original en la Galería de la Academia de Florencia, Italia.

La espera de dos horas en una larga fila de turistas me dio tiempo suficiente para leer el folleto del museo acerca de la escultura de *David*. Para sorpresa mía, descubrí que Miguel Ángel no fue el artista que comenzó la escultura; en realidad, ni tan siquiera había nacido cuando la encargaron. El bloque de mármol de casi seis metros fue en principio el proyecto de un artista llamado Agostino di Duccio, pero luego de esculpir un poco de las piernas, los pies y el torso, abandonó inexplicablemente la obra. Diez años después contrataron a un artista llamado Antonio Rossellino para que la terminara, pero más tarde le cancelaron el contrato. Eso fue casi veinticinco años antes de que Miguel Ángel, que solo tenía veintiséis, tomara un cincel y se atreviera a creer que él podía realizar una obra maestra.

Dicen algunas fuentes que el artista nunca se separó de su *David*. Durante más de dos años trabajó y durmió junto al bloque de mármol de seis toneladas, sintiendo que el personaje que representaba lo llamaba desde los lugares sin esculpir. Cuando por fin apareció el *David* de algo más de cinco metros, cuentan que Miguel Ángel dijo: «Vi el ángel en el mármol y esculpí hasta que lo liberé». Cuando le preguntaron cómo hizo su estatua, dicen que Miguel Ángel respondió: «Es fácil. Uno solo va quitando la piedra que no se parece a David».

Y ahora llegaba el momento de ver por mí misma a esta escultura terminada en 1504, a la que muchos le han llamado un milagro artístico. Me detuve en el estrecho pasillo, todavía a casi diez metros del *David*. En ese punto nadie quería detenerse, así que provoqué un poco de congestión en el tráfico. Habíamos esperado afuera al sol y ahora que por fin estábamos dentro, todo el mundo tenía un objetivo.

En realidad, entendía por qué todo el mundo me pasaba apurado por el lado. ¿Por qué alguien habría de detenerse a mirar lo que a mí me fascinaba, las esculturas incompletas mucho menos impresionantes alineadas en el pasillo? ¿Por qué prestarle atención a bloques de piedra con figuras a medio labrar cuando la perfección estaba a solo unos pasos? ¿Quién se detendría? ¿A quién le importaría siquiera advertirlas?

A una mujer cautivada al ver la realidad de su interior representada vívidamente en piedra, a ella. Me quedé parada a la sombra de una de las esculturas incompletas que forma parte de esta colección, llamada de manera muy acertada *Prisioneros*. Y la observé.

Incliné la cabeza mientras lo hacía. No quería que esta experiencia fuera una brisa suave que me pasara por el lado y la olvidara pronto. Deseaba que fuera una ráfaga de viento poderosa, no lo suficiente como para tumbarme, pero sí como para arrancar todas las etiquetas que estaban tan pegadas a mi alma. Lo sentía muy adentro. Esta escultura menos observada era yo, una prisionera incompleta, encerrada, etiquetada y a la vista de todos en un pasillo que lleva a la grandeza.

Entonces me viré y miré por el pasillo hacia el *David*, la estatua completamente cincelada por el maestro. Y mientras caminaba hacia ella, susurré: «Oh, Dios, cincélame. No quiero estar encerrada para siempre. Quiero ser libre. Deseo ser todo eso que tienes en mente que sea».

Oh, Dios, cincélame. No quiero estar encerrada para siempre.

En ese momento, reconocí una verdad que hacía mucho tiempo necesitaba ver: *algo hermoso resulta cuando el Maestro cincela.* Dios no permite los momentos de descontrol en nuestra vida para que nos pongamos etiquetas y nos quedemos atascadas. Él los permite para que tomemos conciencia de que es necesario un proceso de cincelado. Así que en lugar de condenarme diciendo cosas como: «Soy un gran desastre», podría declarar: «Voy a permitir que Dios me cincele. Que él trabaje en mis debilidades para poder librarme de la oscuridad que representa estar atascada y salir a la luz para la cual él me diseñó». Dios nos está llamando a salir de la oscuridad, a librarnos de esos defectos que nunca pensamos que mejoraríamos, a dejar de estar atascadas.

Rechaza las etiquetas del pasado

Uno de mis pasajes favoritos, que confirma que Dios nos está llamando a salir de la oscuridad, se encuentra en 1 de Pedro:

Cristo es la piedra viva, rechazada por los seres humanos pero escogida y preciosa ante Dios. Al acercarse a él, también ustedes son como piedras vivas, con las cuales se está edificando una casa espiritual. De este modo llegan a ser un sacerdocio santo, para ofrecer sacrificios espirituales que Dios acepta por medio de Jesucristo [...] ustedes son linaje escogido, real sacerdocio, nación santa, pueblo que pertenece a Dios, para que proclamen las obras maravillosas de aquel que los llamó de las tinieblas a su luz admirable (1 Pedro 2.4-5,9).

Estas palabras las escribió el apóstol Pedro. El nombre Pedro significa «la roca», pero el nombre de pila de Pedro era Simón, que quiere decir «evasivo». No puedo pasar por alto la riqueza de significado que existe aquí, es decir, que Pedro «el evasivo» no se quedara atascado siendo evasivo toda la vida. Él dejó que Dios lo cincelara. Recuerda, Pedro fue aquel que se atrevió a saltar del bote y caminar sobre el agua. Entonces sintió miedo y empezó a hundirse, y clamó al Señor para que lo salvara. En cuestión de segundos pasó de ser un valiente a que lo regañaran por sus dudas (Mateo 14.22–32).

Pedro fue también el hombre que amó a su Señor con tanta pasión que sacó la espada y le cortó una oreja al guardia que trataba de arrestar a Jesús (Juan 18.10). Luego, apenas siete versículos después, encontramos al mismo Pedro negando conocer siquiera al Señor.

—¿No eres tú también uno de los discípulos de ese hombre? —le preguntó la portera.
—No lo soy —respondió Pedro (Juan 18.17).

Me suena evasivo.

Sin embargo, a Jesús no. Él vio a un hombre valiente que necesitaba que lo cincelaran. Jesús vio a un hombre que, al ser cincelado, haría con valor lo que otros no harían. Jesús vio a Pedro no como era, sino como podría ser.

Con ternura, Jesús lo cinceló. Después que Pedro negara al Señor y este fuera crucificado y resucitara, Pedro y Jesús tuvieron una conversación en la que vemos a Jesús cincelando. En tres ocasiones Pedro negó a Jesús. En tres ocasiones Jesús le preguntó a Pedro si lo amaba. Casi puedo escuchar el cincel del Maestro tintineando, astillando y puliendo.

Cuando terminaron de desayunar, Jesús le preguntó a Simón Pedro:
—Simón, hijo de Juan, ¿me amas más que éstos?
—Sí, Señor, tú sabes que te quiero —contestó Pedro.
—Apacienta mis corderos —le dijo Jesús.
Y volvió a preguntarle:
—Simón, hijo de Juan, ¿me amas?
—Sí, Señor, tú sabes que te quiero.
—Cuida de mis ovejas.
Por tercera vez Jesús le preguntó:
—Simón, hijo de Juan, ¿me quieres?
A Pedro le dolió que por tercera vez Jesús le hubiera preguntado: «¿Me quieres?». Así que le dijo:
—Señor, tú lo sabes todo; tú sabes que te quiero (Juan 21.15–17).

Más adelante, en Hechos, vemos evidencia del Pedro cincelado. Es un hombre valiente, seguro, preparado para hacer la obra que el Maestro diseñó para él:

Entonces Pedro, con los once, se puso de pie y dijo a voz en cuello: «Compatriotas judíos y todos ustedes que están en Jerusalén, déjenme explicarles lo que sucede; presten atención a lo que les voy a decir [...] Y con muchas otras razones les exhortaba insistentemente:

—¡Sálvense de esta generación perversa!

Así, pues, los que recibieron su mensaje fueron bautizados, y aquel día se unieron a la iglesia unas tres mil personas (Hechos 2.14,40–41).

Ya no me parece el Simón evasivo. Ahora es Pedro, el Pedro cincelado, cuya predicación valiente llevó a tres mil personas a dedicarle su vida a Cristo y ser bautizadas... ¡en un mismo día!

El apóstol Pablo es otro hombre que rechazó la etiqueta de su pasado. ¡Saulo, el perseguidor de los cristianos, se convirtió en Pablo, el autor de gran parte del Nuevo Testamento! Él escribió en su carta a los efesios: «Porque somos hechura de Dios, creados en Cristo Jesús para buenas obras, las cuales Dios dispuso de antemano a fin de que las pongamos en práctica» (Efesios 2.10).

Pablo fue hechura de Dios. Pedro fue hechura de Dios. ¡Nosotras somos hechura de Dios! Dios nos está cincelando, nos está haciendo criaturas nuevas, está liberándonos de la prisión —de esos lugares que nos hacen sentir derrotadas— para que podamos hacer buenas obras. Las obras que Dios *dispuso de antemano,* lo cual significa que él sabe bien cómo *disponer en nosotros* el carácter que necesitamos para cumplir con nuestro llamamiento.

Ah, que podamos escuchar el tintineo del cincel del Maestro y llamarle gracia:

Porque por gracia ustedes han sido salvados mediante la fe; esto no procede de ustedes, sino que es el regalo de Dios, no por obras, para que nadie se jacte. Porque somos hechura de Dios, creados en Cristo Jesús para buenas obras, las cuales Dios dispuso de antemano a fin de que las pongamos en práctica (Efesios 2.8–10).

¿Es esto verdad? ¿Veré la gracia, sentiré la gracia y le llamaré gracia cuando me descontrole? ¿Incluso cuando, como Pedro, niegue a Cristo con mis acciones? ¿Cuándo, como Pablo, tenga un pasado que sea cualquier cosa menos piadoso? ¿Aceptaré la gracia por la cual he sido salvada mediante la fe —escogeré verme como hechura de Dios— y hacer la buena obra para la cual he sido llamada?

Llámale gracia

¿Estás lista para verte a ti misma como hechura de Dios y hacer la obra para la cual has sido llamada? Permíteme contarte cómo lo hice de manera práctica. ¿Recuerdas el clóset desordenado que me llevó a definirme como una desordenada? Luego, cuando me llamé a mí misma desastre, mis emociones se volvieron todavía más desastrosas. Me puse más gruñona y desquiciada. Al desenredar la raíz de lo que estaba provocando que me sintiera así, hice tres cosas:

1. Identifiqué la etiqueta como una mentira que tenía el objetivo de destruirme.

La realidad: mi clóset estaba desordenado. La mentira: un clóset desordenado implica que soy una persona desordenada. La verdad: un clóset desordenado no me hace una persona desordenada. Me hace una hija de Dios que tiene un clóset desordenado.

Gracia. Puedo verla. Puedo sentirla. Puedo llamarle gracia.

2. Decido ver esta circunstancia como un llamado a la acción, no un llamado a darme una paliza mental.

Un clóset desordenado significa que un día necesito apretar el botón de pausa en mi vida y limpiarlo. Y si no puedo ingeniármelas para limpiarlo y ordenarlo, entonces necesito encontrar a alguien que tenga un don en este aspecto para que me ayude. Y eso fue justamente lo que hice. Mi amiga Lisa tiene el don espiritual de organizar clósets. (¿Será que existe algo así?) Así que ahorré dinero y le pagué para que viniera y compartiera conmigo algo de eso que Jesús le había dado a ella.

Gracia. Puedo verla. Puedo sentirla. Puedo llamarle gracia.

Un clóset desordenado no me hace una persona desordenada. Me hace una hija de Dios que tiene un clóset desordenado.

3. Usé el impulso de lidiar con una etiqueta para ayudarme a tratar con otras.

Actuar y arrancar esta etiqueta de mi vida me ha dado el valor para lidiar con otras etiquetas. ¡Qué valor y fortaleza se encuentran al dar el primer paso! ¿Podrías encontrar una etiqueta pequeña y tratar con ella hoy?

Gracia. La verás. La sentirás. Le llamarás gracia.

Christina llegó a entender el poder de la gracia en la cárcel. Después de llevar varios meses allí, ella escribió: «¡Lysa, estoy realmente bien! Tengo mucha hambre de la Palabra de Dios, y él en verdad me está usando para orar y hablarles del evangelio a otras mujeres aquí. Le he entregado el terror absoluto que sentí al venir a la cárcel a Dios, y en lugar de aquel viejo temor hay fortaleza, paz y esperanza para el futuro. ¡Dios me reveló por qué *tenía* que venir aquí! Me ha llevado a arrepentirme de cosas que ni siquiera me había percatado de que me tuvieron presa durante muchos años».

Gracia. Una mujer va a la cárcel y encuentra libertad de su verdadera esclavitud.

Mi mente regresó al silencio del tribunal aquel día. A las palabras de consuelo que yo quería decir, pero que no pude encontrar. A mis lágrimas y preguntas, y al temor de que Christina quedara para siempre etiquetada como prisionera. Ahora veo la hechura de Dios incluso en este cincelado tan difícil que Christina está experimentando. Ella tomó decisiones que la llevaron a la cárcel, pero fue Dios quien la liberó incluso estando en ese lugar.

Permite que Dios cincele. «Confía en mí, será hermoso. Ya verás», dice Dios.

Gracia. Ella la ve. Ella la siente. Y ahora, incluso en la cárcel, todavía le llama gracia.

No soy una mujer de poemas, pero de vez en cuando me encuentro con uno que capta la esencia de lo que Dios me ha estado enseñando. Mi amiga Genia encontró esto en su libro de lecturas diarias *Manantiales en el desierto*, y supo que tenía que mandármelo:

> *En el quieto aire la música yace sin ser oída;*
> *en el tosco mármol la belleza se oculta sin ser vista;*
> *para hacer la música y la belleza se requiere*
> *el toque del maestro, el penetrante buril del escultor.*
>
> *¡Gran Maestro, tócanos con tus hábiles manos;*
> *no permitas que muera la música que hay en nosotros!*
> *¡Gran Escultor, desbástanos y púlenos; no permitas*
> *que dentro de nosotros, tu forma*
> *quede oculta y se pierda!*[1]

Sí, Maestro, tócanos con tu penetrante buril.

Y dicho esto, seguimos nuestra trayectoria hacia el progreso imperfecto. No sé con cuáles etiquetas has estado luchando, pero amiga, vamos a despegarlas y deshacernos de ellas. En ese sentido, prefiero la idea de ser una mujer *a la que le falta algo*.

¿Qué tipo de descontrol es el mío?

¿Soy una persona que explota? ¿O soy de las que ocultan las cosas? Sabía que tenía que responder a estas preguntas para enfrentar de veras mis emociones fuertes. Las emociones no se quedan tranquilas. Son activas... y viajan. Así que necesitaba saber adónde estaban llevándome las mías para entender por qué a veces me descontrolaba.

Mientras luchaba con la pregunta de explotar u ocultar, me di cuenta de que me resultaba difícil definirme a mí misma. Tenía que definirme no para ponerme una etiqueta, sino para identificar, para señalar lo que es verdad. Existe una gran diferencia entre ponernos etiquetas e identificar nuestras tendencias. La etiqueta dice: «Soy una suma de mis problemas difíciles». Y ya hablamos en el capítulo anterior acerca de por qué esto no es saludable ni productivo.

Por otro lado, la identificación señala: «Mis problemas son parte de la ecuación, pero no la suma total». Resulta tanto saludable como productivo identificar los problemas que pueden hacernos reaccionar en mala forma cuando estamos estresadas, irritadas por la gente que nos saca de quicio, atascadas en los conflictos, cuando nos sentimos heridas o provocamos heridas, estamos a merced de hormonas desorbitadas, o saturadas de nuestras emociones fuertes.

Este proceso de identificación parecía muy sencillo a primera vista: la gente se descontrola y reacciona en una de dos maneras, ya sea explotando u ocultando.

Explotar significa dejar salir las emociones. De nuestra boca brota un torrente de sentimientos que trae consigo toda una hueste de cosas que nos resultan ingratas: palabras severas, miradas duras, voces levantadas, actitudes condenatorias y gestos demostrativos como tirar puertas o golpear las manos contra la mesa. Sin embargo, ten por seguro que también hay personas que explotan en silencio, no tenemos que gritar para herir a otra persona de la misma manera rápida y directa. En realidad, la señal reveladora de alguien que explota no es el nivel de decibeles, sino el tener reacciones *en el momento* que nos hagan sentir bien, ya que sacan lo feo de adentro. No obstante, cuando nos damos cuenta de cuánto hemos arrojado sobre los demás y el daño que hemos causado, el arrepentimiento es grande.

La señal reveladora de alguien que explota no es el nivel de decibeles.

Sí, nos arrepentimos de explotar, pero o bien desviamos el arrepentimiento al culpar a otra persona de nuestras acciones, o nos tragamos el arrepentimiento al avergonzarnos a nosotras mismas. De cualquier manera, explotar parece bueno en el momento, pero es terrible a largo plazo.

Ocultar significa guardar en nuestro interior las emociones. Tragamos en seco y encerramos adentro nuestros sentimientos, no con la intención de procesarlos y liberarlos, sino para regodearnos en el dolor. Muy parecido a la manera en que la ostra trata con la molestia de un grano de arena, nosotros cubrimos el problema con más y más capas de dolor hasta que se forma una especie de piedra dura.

Sin embargo, esta roca no es ninguna perla. Se trata de una piedra que con el tiempo usaremos para construir una barrera o arrojársela a otra persona a fin de desquitarnos.

Así que, luego de pensar en estas definiciones y estudiar miles de respuestas a artículos que escribí en mi blog acerca de las emociones fuertes, así como de hacerme una evaluación honesta a mí misma, determiné que no existen dos, sino cuatro categorías de reacciones descontroladas a las que necesito prestarle atención:

Las que explotan y luego se avergüenzan.
Las que explotan y culpan a otros.

Las que ocultan y construyen barreras.
Las que ocultan y coleccionan piedras de desquite.

¿Te identificas con alguna de ellas? Yo sí. El solo hecho de escribirlas en un papel comenzó a producir claridad en cuanto al tema.

Cuatro categorías de reacciones descontroladas

Después de identificar las cuatro categorías, quise saber en cuál me encontraba. Fue entonces que las cosas se pusieron muy interesantes. ¡Me di cuenta de que pertenezco a las cuatro categorías! En dependencia de la situación y las personas involucradas, cambio la forma de expresar mis reacciones descontroladas. Sé que tendré que pagar un precio por descontrolarme. Así que de alguna manera mido este precio instintivamente y decido con quién y en qué circunstancias puedo darme el lujo de explotar y soltarlo todo, o de ocultar mis sentimientos y hacer como si no pasara nada.

No me siento orgullosa de esto ni estoy diciendo que tales conductas sean buenas. Sin embargo, ¿pudiera salirme por un minuto de mi rol como oradora y escritora cristiana y ser tu amiga superhonesta? Por el bien de mi propia alma es importante poner las cartas sobre la mesa. De modo que voy a abrirte mi corazón de lado a lado y a ser sincera por completo. Voy a explicar cada una de estas categorías, no desde un punto de vista clínico y frío, sino a partir de los reconocimientos honestos de situaciones en mi propia vida. En este capítulo te dibujaré un cuadro muy claro de las cuatro reacciones y en los próximos dos capítulos hablaremos de cómo tener un progreso imperfecto en cada una. Cielos, las cosas están a punto de ponerse un poco desordenadas aquí... pero sé que lo entenderás y por eso te quiero tanto.

Las que explotan y luego se avergüenzan
Cuando me descontrolo con una persona desconocida, tiendo a ser de las que explotan y luego se avergüenzan por no tener una actitud más cristiana.

Es probable que mi reacción descontrolada con una persona desconocida no sea en voz alta ni llame la atención de otros. Eso en realidad no encaja con mi personalidad. No obstante, si alguien es desatento, irrespetuoso o agresivo, sin dudas puedo tener una reacción severa. Pudiera ser calmadamente severa, pero a esta persona no le quedarán dudas de que no estoy contenta. Como dije antes, las que explotan no siempre lo hacen en voz alta, aunque sí usan sus palabras y el tono de su voz para asegurarse de que la otra persona *sienta* lo que están diciendo.

Cuando hace poco una aerolínea perdió el equipaje de mi amiga Holly, fui designada para ir a la oficina de los equipajes perdidos y ver qué se podía hacer. La mujer que estaba detrás del mostrador me vio venir y levantó la mano mientras decía de manera rápida y cortante: «Ni se atreva a venir aquí hasta que no haya revisado el montón de equipaje que está a su izquierda».

¡Vaya servicio amistoso! Obedientemente, revisé el montón de equipaje perdido y no había ni una maleta que se pareciera a la de Holly. Así que caminé otra vez hacia la oficina.

—¡Usted no revisó! —gritó la mujer que estaba detrás del mostrador—. Le dije que revisara *toda* esa pila.

Tragué. En seco.

—Sí revisé y puedo garantizarle que la maleta que estoy buscando no está ahí —le contesté.

Ella puso los ojos en blanco y me indicó que me acercara a su escritorio mientras seguía haciendo todo lo posible para actuar como si de alguna manera la pérdida de la maleta de Holly fuera culpa mía. Yo aguanté. Y aguanté. Y luego me cansé de aguantar.

—Fíese —le dije bruscamente—. Yo soy la cliente. Su aerolínea perdió nuestro equipaje. No quisiera tener que estar en esta pequeña oficina ahora mismo, pero lo estoy porque *su* trabajo es ayudarme. Y eso es justo lo que necesito que haga... su trabajo.

No elevé la voz, pero sí la intensidad. Dejé que la situación dirigiera mi reacción y me fui sintiéndome frustrada, pero justificada. Hasta una hora más tarde. Tenía una sensación insistente de que había actuado mal. Comencé a pensar en varias de mis amigas gentiles, las cuales nunca hubieran hablado con brusquedad ni se dejarían atrapar por la frustración: *Amy no hubiera actuado así. Samantha habría usado esta ocasión como una oportunidad preciosa para amar a los que son difíciles de amar. Ann hubiera mostrado tanta gracia que se hubiera producido un avivamiento allí mismo en la oficina de equipajes perdidos, y años después esta mujer hubiera compartido su testimonio de cómo todo cambió el día en que una amable mujer vino a su oficina.*

¡Ay! La vergüenza se arrastró cerca de mí y susurró: «Mírate, tú y tus estudios bíblicos... ¿de qué sirven? ¿Para qué sirves tú?». El peso en mi alma me dejó con una sensación de desconsuelo, porque en realidad nunca podría cambiar. Y un pensamiento familiar recorrió un surco muy usado en mi cerebro: *probablemente siempre seré esclava de las emociones fuertes que me toman por sorpresa.*

¡Qué gran mentira!

Si has estado creyendo esta misma mentira, aférrate a esta verdad: el mero hecho de que estés leyendo este libro es una señal de gran progreso. Niégate a regodearte en la angustia deprimente que provoca la condenación. Por otro lado, acepta cualquier convencimiento que sientas. La condenación nos derrota. La convicción desata el mayor potencial para el cambio.

Las que explotan y culpan a otros

Cuando me siento descontrolada con mis hijos, tiendo a ser de las que explotan y luego los culpo por llevarme hasta ese punto.

Puedo levantarme con el mejor estado de ánimo, decidida a llevar mi halo de mamá santa, y solo minutos después ese halo se convierte en una soga en mi cuello. ¿Te ha sucedido? Bueno, aquí tienes una instantánea de uno de esos días en que cinco niños llevan a una mamá a sentirse un poquito más que ligeramente descontrolada...

Les digo a los niños más chicos que se pongan los zapatos, pero por supuesto, cuando llega la hora de irnos y agarro las llaves, todo el mundo todavía anda descalzo. Mientras tanto, mi hijo ha colocado en el microondas un panecillo envuelto en papel de aluminio, y el olor que viene de la cocina es tan tóxico que ya no puedo respirar. Eso para no hablar de que cuando abrí la puerta del microondas, descubrí que el interior de plástico se había derretido.

Mi otro hijo necesita diez dólares para comprar una camiseta de un club de la escuela y lleva tres días atrasado en el pago. Todos los demás niños ya llevaron el dinero. Mientras escarbo en mi cartera, me digo a mí misma: *por favor, ayúdame a encontrar diez dólares. Por favor, por favor, que haya diez dólares en mi cartera.* De pronto surge una preocupación mayor. *Cielos, ¿dónde está mi monedero? ¡Olvídate de los diez dólares! Oh, cielos, ¡¿dónde dejé mi monedero?!*

Los niños a los que les faltaban los zapatos empiezan a llorar. El chico que derritió el microondas comienza a quejarse de que *mi* microondas arruinó *su* desayuno. Y si el de los diez dólares me vuelve a mencionar una vez más que necesita el dinero, le voy a decir que saque el dinero de donde no brilla el sol. No brilla. Lo que sea. Y ahora se perdió mi monedero.

Somos una familia *así*. Me imagino nuestro nombre escrito con letras rojas enormes al frente de la escuela: «Los TerKeurst son un desastre. Siempre llegan tarde. Se ponen medias disparejas. Y tienen un olor tóxico. ¡Cuidado!».

Cuidado, de verdad.

Cuando por fin todos llegamos al auto para empezar a llevar a cada uno adonde necesita ir, ya estoy harta.

«Si ustedes se pusieran los zapatos cuando les digo, y escucharan cuando les recuerdo por enésima vez que no pongan papel de aluminio en el microondas —*nunca, nunca, nunca*— y me avisaran de antemano cuando necesitan dinero, y me dieran un minuto en el día para enfocarme de modo que no perdiera mi monedero y por lo tanto sintiera que voy a perder la cabeza (respira)... ¡todos estaríamos *mucho mejor!* Pero *no, no, no*. Nada de eso es posible, porque esta es nuestra familia... ¡loca, caótica y un completo desastre!».

«Pero los amo», trato de decir rápidamente cuando se bajan del carro y entran a la escuela. Mis sentimientos están por el piso. Los culpo por el caos que nos ha llevado a este lugar descontrolado. Y luego el remordimiento es grande. Muy grande.

Tengo esa sensación de desasosiego de que nunca podré cambiar en realidad: *Probablemente siempre seré esclava de las emociones fuertes que me toman por sorpresa.*

¡Qué gran mentira!

Las que ocultan y construyen barreras

Cuando me siento descontrolada con mis amigos o mis pa~
a ser de las que ocultan y construyen barreras.

Estaba hablando con una amiga por teléfono sobre una situación que involucraba a dos de nuestras hijas. Habían tenido un pequeño disgusto por algo. Ni siquiera me acuerdo de cuál era el problema, pero sí recuerdo por qué la situación se convirtió en algo que me llevó a decidir que nuestra amistad ya no era segura.

Tuvimos lo que pensé fue una gran conversación sobre cómo ayudar a nuestras hijas a manejar el asunto en cuestión. Se nos ocurrió un plan sobre lo que ella iba a hacer con su hija y lo que yo haría con la mía. Terminamos muy bien la llamada.

Unas horas después, ella volvió a llamar. Yo no pude atender la llamada, así que mi teléfono pasó al correo de voz. Ella dejó un mensaje rápido sobre cómo había sido la conversación con su hija y pensó que había colgado, pero no fue así. El teléfono siguió grabando y en él quedó registrada su diatriba sobre mí, mis hijos y mi familia en general.

Me quedé pasmada. Más que pasmada.

Miré al cielo y deseé que pudiera ser tan ligera como una nube y salir flotando.

«Todo está bien», le dije. Sin embargo, todo no estaba bien.

«No puedo enfrentar esto», razoné. «No sé qué decir ni cómo decirlo». Así que no dije nada. Ni una palabra. Lo oculté todo y empecé a construir una barrera detrás de la cual esconderme. Después del incidente, sonreía cada vez que la veía, pero mantenía la distancia. Ella sabía que algo andaba mal, pero cuando me preguntó al respecto, mentí.

«Todo está bien», le dije. Sin embargo, todo no estaba bien. Para nada. En la medida en que murió nuestra comunicación, también murió la relación. El remordimiento fue grande. Muy grande. Y ahí estaba otra vez. Esa sensación de desasosiego de que nunca podría cambiar de verdad: *probablemente siempre seré esclava de las emociones fuertes que me toman por sorpresa.*

¡Qué gran mentira!

Las que ocultan y coleccionan piedras de desquite

Siempre que me siento descontrolada con mi esposo, tiendo a coleccionar piedras para desquitarme, las cuales uso como armas en desacuerdos futuros.

Cuando Art y yo éramos novios, me di cuenta de que le gustaba hacer ejercicios. No hacía falta ir a la universidad para discernir rápidamente que podría pasar más tiempo con él si de repente yo también desarrollaba una pasión por el ejercicio. ¡Y cuánto anhelaba pasar tiempo con él! Así que empecé a correr. Nunca antes había podido correr, pero los sentimientos alocados del enamoramiento total que sentía me hicieron dejar atrás el dolor y seguirle la rima a mi hombre.

Es importante señalar algo: yo lo amaba. Me encantaba pasar tiempo con él. Sin embargo, no me gustaba correr. Así que cuando nos casamos y tuvimos todo el tiempo del mundo para estar juntos, ya no quise correr. En lo absoluto.

Art estaba desconcertado por mi pequeño ardid. A mí me molestaba que él le diera tanta importancia a eso de que corriéramos juntos. Mientras le daba excusas cada vez que me lo pedía, mantenía la paz sonriendo... pero tragándome toda la amargura. *Debiera amarme ya sea que corra con él o no.* Sonríe y traga. *No debiera seguir pidiéndomelo.* Sonríe y traga. *Me hace sentir que su amor es condicional.* Sonríe y traga. *Oh, cielos, ¿será su amor condicional? Si es así, tenemos problemas matrimoniales.* Sonríe y traga. *Creo que sí tenemos problemas matrimoniales.* Y así seguía con esta rutina de sonríe y traga.

En cada oportunidad sonreía y tragaba, y formaba piedras pequeñas que pesaban mucho en mi alma, a la espera del momento justo para sacarlas y desquitarme con todas las pruebas que tenía de cuánto él estaba dañando nuestro matrimonio.

Lo que empezó como una molestia se transformó con los años en un problema persistente que salía a la luz cada vez que me sentía aguijoneada por esta idea del «amor condicional». Uno de esos «aguijonazos» tuvo lugar un día en que él me trajo el almuerzo. Yo tenía unas fechas de entrega muy apretadas y ya que él es dueño de un Chick-fil-A, se brindó para traerme mi pollo favorito. Pedí un sándwich con coca-cola. Una coca-cola regular.

Sin embargo, él me trajo un sándwich con una coca-cola de dieta.

Cuando vi que el circulito que indica «dietética» estaba pegado a la tapa del vaso, toda la inseguridad y el resentimiento que había encerrado en una esquina oscura de mi ser salió a la luz y lo bombardeé con piedras de desquite.

«¡Tú crees que estoy gorda!», y aquí está la piedra que lo demuestra. «¡Crees que soy vaga!», y aquí está la piedra que lo demuestra. «¡Quisieras que fuera diferente!», y aquí está la piedra que lo demuestra. «¡Preferirías no haberte casado conmigo!», y aquí está la piedra que lo demuestra. *¡Zas! ¡Zas! ¡Zas! ¡Zas!*

Y todo por una coca-cola de dieta. Una coca-cola de dieta que él tuvo la amabilidad de traerme. ¡Por el amor de Dios! De nuevo el remordimiento pesó dentro de mí. Y pesó mucho. Sí, como dije antes, se trata de la misma sensación de desasosiego de que en realidad nunca podré cambiar: *probablemente siempre seré esclava de las emociones fuertes que me toman por sorpresa... una esclava encerrada en los lugares difíciles.*

¡Qué gran mentira!

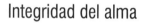

Integridad del alma

Todas estas reacciones que he descrito no son cosas de las que me sienta orgullosa. Resultan muy feas, ¿verdad? Sí, pero no son etiquetas que llevo conmigo. Son cosas que estoy identificando sobre mí misma para poder poner mis emociones fuertes y mis reacciones descontroladas bajo la autoridad sanadora de Jesús.

Y también es importante aclarar que aquí solo estoy hablando de mis reacciones descontroladas. Cuando mis emociones están estables, soy como la niña de la película *Historias cruzadas,* hacia quien la querida Aibileen se inclina y le dice: «Tú ser amable. Tú ser inteligente. Tú ser importante».

Jesús me ha hecho una persona de **buen** corazón, llena de ánimo y aliento para inspirar a cualquiera que se me acerque. Jesús me ha hecho lo suficiente **inteligente** como para saber que lo necesito, de forma urgente y total. Y Jesús nos ha asignado a todos la tarea **importante** de representarlo en este mundo, lo que significa que lo representamos donde quiera que vayamos.

Sí, de buen corazón, inteligente e importante, eso es lo que soy. Y así reacciono muchas veces, pero no siempre. Sobre todo no cuando me siento descontrolada y la integridad de mi alma se deshace.

Al procesar las reacciones descontroladas, la integridad del alma es el corazón de lo que buscamos. La integridad del alma implica una honestidad piadosa. Pone la pasión del que explota y la pacificación del que oculta bajo la autoridad de Jesús, y allí la honestidad y la piedad se abrazan y se equilibran una a la otra.

Cuando exploto, abrazo la parte de la honestidad, ya que me niego a que la parte piadosa me controle. Como verás, mis sentimientos honestos pudieran no ser evaluaciones verdaderas de la situación. Puedo ser honesta en cuanto a cómo me siento y aun así exagerar o malinterpretar lo que es verdad en realidad. Puedo sentir que estoy justificada al ser desfachatada con respecto a mis sentimientos —sin esconder nada— y estar orgullosa de ser muy *real,* todo bajo el pretexto de ser lo suficiente honesta como para no ocultar. No obstante, una honestidad que en realidad no es verdad, no es honestidad en lo absoluto. Pudiera ser una expresión emocional. Es por eso que necesitamos la honestidad *piadosa* —una honestidad que esté controlada por el Espíritu Santo— si es que queremos tener una integridad auténtica en el alma.

La integridad del alma implica una honestidad piadosa. Pone la pasión del que explota y la pacificación del que oculta bajo la autoridad de Jesús.

En el mundo cristiano a menudo excusamos este tipo de honestidad desequilibrada con justificaciones como: «Estoy siendo realista», «Solo estoy siendo honesta», «A veces la verdad duele».

¡Cuánto debe dolerle a Dios ver a su pueblo rechazar la piedad que debiera siempre equilibrar nuestra honestidad! Como debe entristecer a Dios que yo lo haga. Y que tú lo hagas. Y que lo hagan nuestras amigas. Y nuestras compañeras en el ministerio. Y los líderes de la iglesia. Y la gente de la iglesia. Sí, a veces todos nosotros lo hacemos.

Al mismo tiempo, a Dios también debe entristecerle ver versiones plásticas de piedad que no están controladas por la honestidad. Así sucede cuando ocultamos las cosas y fingimos que todo está bien. La

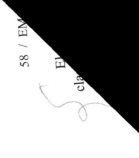

ventaja de ocultar es que mostramos una
Sin embargo, cuando lo hacemos a expen
tamos una amargura corrosiva que con e
cie. Esta dañará nuestra salud y luego se
de enfermedades provocadas por la ansie
acumulará con el tiempo y luego sorprend
ficadora entre en erupción.

Decir: «Estoy bien», a fin de mantener la paz cuando en realidad
no estamos bien, no es ser honestas. Pudiera parecer piadoso en el momento, pero es una piedad falsa. La verdad y la piedad siempre van de
la mano. En cuando las separemos, nos desviaremos de la integridad
del alma y daremos pie a la inestabilidad que de forma inevitable lleva
al descontrol.

Permíteme explicarte cómo la integridad del alma pudiera haberse
materializado en una de las historias descontroladas que ya conté. Podría
haber llamado a la amiga que inadvertidamente dejó aquel mensaje terrible en mi correo de voz. A sabiendas de que no soy capaz de controlar
la manera en que ella actúa o reacciona, de todos modos podía controlar
cómo *yo* actuaba y reaccionaba al decirle con gentileza lo que había escuchado y pedirle que me ayudara a entenderlo. Podría haberle ofrecido
perdón y al mismo tiempo ser honesta en cuando a sentirme herida.

No estoy diciendo que esto hubiera salvado nuestra relación. Solo
porque perdonemos no significa que podemos mantener a esa persona
en nuestro círculo íntimo. El perdón es obligatorio, la reconciliación
es opcional. Sin embargo, sí creo que eso habría abierto las líneas de
comunicación y nos hubiera ahorrado meses de agitación interior. Le
hubiera evitado a ella la confusión de sentir la barrera entre ambas,
mientras que yo al mismo tiempo negaba que hubiera algún problema. Ambas podríamos haber crecido y madurado como consecuencia,
y posiblemente haber resuelto algunos asuntos y recuperado nuestra
amistad. No sé lo que me perdí, pero estoy decidida a practicar la integridad del alma en adelante.

Gran parte de buscar esta integridad del alma significa prestarle
mucha atención a nuestras palabras.

Escucha la advertencia de la Biblia sobre cómo usamos las palabras:

ser humano sabe domar y, en efecto, ha domado toda
se de fieras, de aves, de reptiles y de bestias marinas; pero
nadie puede domar la lengua. Es un mal irrefrenable, lleno de
veneno mortal (Santiago 3.7–8).

Tan solo los esfuerzos personales no pueden domar la lengua ni nuestras emociones fuertes que se descontrolan.

Es decir, tenemos que poner todas nuestras reacciones descontroladas bajo la autoridad y la verdad de Jesús. Nuestros mejores esfuerzos empleando el razonamiento humano y la fuerza de voluntad no pueden doblegar lo que expresamos externamente (explotar) ni lo que experimentamos por dentro (ocultar). Tan solo los esfuerzos personales no pueden domar la lengua ni nuestras emociones fuertes que se descontrolan.

Luego Santiago pasa a dirigirse a quienes explotan, cuya falta de control y honestidad brutal dan como resultado un mensaje muy confuso:

Con la lengua bendecimos a nuestro Señor y Padre, y con ella maldecimos a las personas, creadas a imagen de Dios. De una misma boca salen bendición y maldición. Hermanos míos, esto no debe ser así. ¿Puede acaso brotar de una misma fuente agua dulce y agua salada? Hermanos míos, ¿acaso puede dar aceitunas una higuera o higos una vid? Pues tampoco una fuente de agua salada puede dar agua dulce (Santiago 3.9–12).

¡Ay, ay, ay! Espera un momento mientras me froto los dedos que me los acaban de pisar... hablando en un buen sentido. Me encanta cómo Santiago no solo nos advierte sobre lo que no debe ser, sino prosigue a brindarnos sabiduría a fin de recuperarnos de las ocasiones en que nuestra honestidad explosiva no está controlada por la piedad.

¿Quién es sabio y entendido entre ustedes? Que lo demuestre con su buena conducta, mediante obras hechas con la humildad que le da su sabiduría (Santiago 3.13).

Y ahí, amigas mías, está la solución perfecta para hacer que nuestra honestidad también sea piadosa. Nuestras palabras deben ser dichas con la humildad que proviene de la sabiduría. Cuando somos humildes, nos damos cuenta de que nuestra honestidad no puede tener una sola cara. Hacemos el esfuerzo por ver la situación desde el punto de vista de la otra persona. Y cuando somos sabias, nos detenemos y medimos nuestras palabras para llegar a la esencia del asunto sin sabotear el corazón de la persona que nos ofende.

Santiago también le ofrece sabiduría a quien oculta:

Pero si tienen envidias amargas y ambiciones egoístas en el corazón, no encubran la verdad con jactancias y mentiras. Pues la envidia y el egoísmo no forman parte de la sabiduría que proviene de Dios. Dichas cosas son terrenales, puramente humanas y demoníacas. Pues, donde hay envidias y ambiciones egoístas, también habrá desorden y toda clase de maldad (Santiago 3.14–16, ntv).

Cielos, otra vez tengo que frotarme los dedos. Y también la cabeza. Esto de lo que Santiago habla aquí tiene su raíz en la envidia y la ambición. A primera vista no estoy segura de que se aplique a todas esas situaciones en las que suelo ocultar. Sin embargo, cuando examino las palabras descriptivas *amargas* y *egoístas,* eso da en el clavo en cuanto a mi problema con ocultar en cada oportunidad. Oculto para protegerme al mantener a raya los conflictos. No obstante, si estoy ocultando mis verdaderos sentimientos y no siendo honesta sobre ellos, esta autoprotección rápidamente se convierte en egoísmo y los conflictos sin resolver producen amargura.

Escucha, una vez más, la sabiduría del apóstol Santiago:

Sin embargo, la sabiduría que proviene del cielo es, ante todo, pura y también ama la paz; siempre es amable y dispuesta a ceder ante los demás. Está llena de compasión y de buenas acciones. No muestra favoritismo y siempre es sincera. (Santiago 3.17, ntv)

¡Me encantan estas cualidades! Todas ofrecen una sabiduría que lleva a las que ocultan a tener integridad en el alma, pero la última es la que da el golpe más fuerte: *sincera*. Es decir, nuestros esfuerzos por mantener la paz tienen que ser honestos.

Sí, estamos buscando la integridad del alma, una honestidad que sea piadosa. Esta integridad del alma produce un equilibrio en las reacciones descontroladas. Nos convierte en verdaderas pacificadoras, gente que no oculta ni explota, sino que más bien demuestra con honestidad lo que está experimentando, pero de una manera piadosa. Y ser una verdadera pacificadora recoge una cosecha de grandes cualidades en nuestras vidas: cosas buenas, cosas piadosas, cosas saludables. Resulta interesante que Santiago termine con esta misma idea dicha de manera muy clara: «Y los que procuran la paz sembrarán semillas de paz y recogerán una cosecha de justicia» (Santiago 3.18, NTV).

Ahora bien, soy la primera en reconocer que lidiar con cualquiera de estas cuatro reacciones, entretejidas con nuestras personalidades y relaciones, puede ser complicado. No existen soluciones rápidas ni fórmulas fáciles que garanticen buenos resultados cuando se trata de solucionar los enigmas de nuestras reacciones descontroladas. No obstante, si puedo identificar el tipo de reacción que estoy teniendo, y he estudiado las posibles soluciones saludables, me siento mucho más capaz de manejar mis emociones fuertes con integridad en el alma.

Tal vez ahora mismo sería un buen momento para que repases este capítulo y tomes algunas notas junto a la descripción de cada reacción. Piensa en las diferentes personas que forman parte de tu vida y los tipos de reacciones que tienes con ellas. ¿Eres como yo y te ves reflejada en las cuatro categorías o te identificas más con una sola o dos? No te apresures a leer mis sugerencias en los próximos capítulos antes de permitir que el Señor te muestre todo lo que quiere mostrarte en este momento.

[Si quieres usar una evaluación básica para que te ayude a determinar tu tipo (o tipos) de reacciones, dirígete al apéndice que comienza en la página 195.]

Una vez que hayas hecho el arduo trabajo de la revisión interior, estarás lista para seguir adelante un poco más y estudiar mejor los cuatro tipos de reacciones.

1 R.L. M.

2 R.L. M

3 Linda R.L. M.

4 Tonny

Las que explotan

M e encontraba parada en la fila para pagar en Target cuando la
señora que estaba detrás de mí me tocó en el hombro.

—¿Señora?

Me volví y sonreí, preguntándome si nos conocíamos. O pensando que tal vez deseaba saber dónde había encontrado el precioso collar que iba a comprar. O quizás estoy progresando tan bien de manera imperfecta con todo este asunto del descontrol y las emociones fuertes que me iba a decir: «Usted es muy amable. Inteligente. Importante».

¡Ojalá!

Con un tono de disculpa, ella susurró:

—Señora, ¿usted sabe que tiene la blusa al revés?

Maravilloso.

¿Acaso la vida no es así? Estamos comprando un collar en Target, y de la nada alguien nos dice que tenemos la blusa al revés. Mi blusa estaba al revés porque esa mañana mientras me vestía me hallaba muy distraída por la conversación hiriente que se repetía una y otra vez en mi cabeza. Había recibido un mensaje de texto de una de las que explotan y me afectó. En lugar de detenerme, llamé en seguida a la persona que lo mandó tratando de mantenerme calmada. Palabra clave: *tratando*. Sin embargo, al final no lo hice. Estaba alterada por las emociones que bullían. Estaba nerviosa por el tono de ella. Estaba agitada porque había armado un gran lío por algo que en realidad no debía serlo. Y por supuesto, toda esa agitación afectó incluso la manera en que me vestí.

En tu caso tal vez no se trate de una blusa al revés en la fila para pagar en Target. Quizás sea una cartera que chocó contra algo y se volcó. En el suelo se riegan tu monedero, sesenta y cinco recibos viejos, un panecillo a medio comer, centavos, chicle y más centavos junto con tampones y un brillo de labios. Y todo eso, mientras compras algo en la venta de dulces en la iglesia. Perfecto. Claro, tu madre está presente para darte palabras de consuelo que suenan más o menos así: «Yo no te enseñé a ser de ese modo. Cielos, ¿por qué tu cartera está tan regada? Y de paso, ponte un poco de ese brillo de labios que estás muy pálida». Y la tensión crece. Solo una pequeña cosita más y perderás los estribos. Otra vez.

O quizás le dijiste que no a tu hija en el mercado, y ella decidió usar ese momento en público para comportarse peor que en ninguna otra ocasión en toda su vida. Mientras de manera discreta tratas de controlar los brazos y piernas que se agitan y los mocos de una muchacha dando gritos, estás a punto de tener tu propio colapso y te preguntas: *¿de dónde salió todo esto? En un instante estoy tranquila decidiendo entre pollo a la parrilla o sopa de vegetales para la cena, y de buenas a primeras soy el foco de todas las miradas juiciosas. Lo único que quiero hacer es lanzar la cartera y gritar. ¡Gritar! ¡Gritar!*

Las emociones fuertes no se quedan tranquilas esperando recibir más instrucciones. Emergen al exterior si explotamos o se mantienen adentro si las ocultamos.

Eso es lo que hace que las emociones fuertes sean tan complicadas. Salen de la nada y nos apabullan. Por lo cual resulta muy importante prepararnos de antemano para lo que sin dudas sucederá en tu próximo viaje a Target... o mientras asistes a la impredecible reunión familiar, llevas en tu auto a niños revoltosos, o tratas con personas difíciles en la oficina. O cuando en la próxima reunión de estudio bíblico te sientas junto a la mujer que tiene el ministerio especial del desaliento. O cuando la cuenta de la tarjeta de crédito este mes es dos veces lo que tú creías que sería, y no hay cargos fraudulentos.

En cada una de estas situaciones, y en otros cientos más sobre las cuales pudiéramos intercambiar historias, las emociones fuertes estarán presentes. Y cuando es así, no se quedan tranquilas esperando recibir más instrucciones. Emergen al exterior si explotamos o se mantienen adentro si las ocultamos.

Como dije en el capítulo anterior, puedo ser de las que explotan y luego se avergüenzan por no ser más pacientes en el momento. También puedo ser de las que explotan y culpan a otros, de las que ocultan y construyen barreras, y de las que ocultan y coleccionan piedras de desquite.

Sin embargo, no voy a continuar actuando así. Ni tú tampoco. Así que tratemos el asunto durante los próximos dos capítulos y veamos qué podemos hacer al respecto. El primer punto en la lista: las que explotan y se avergüenzan.

Las que explotan y se avergüenzan

Esa sensación terrible y perezosa me suplicaba que silenciara la alarma del teléfono y me diera la vuelta. No había descansado lo suficiente para otro día repleto de tareas. Un día *muy* repleto. Todavía medio dormida, comencé a hacer un recorrido mental de la lista de cosas pendientes... cinco hijos en cinco escuelas diferentes. Uno necesita un tutor para matemáticas. A la otra se le rompieron los frenillos y necesita una cita urgente con el ortodoncista. Tenía que encontrar espacio para una llamada en conferencia mientras ayudaba a mi hijo adolescente a practicar sus habilidades conduciendo.

¡Oh, cielos! ¿¡Cómo voy a participar de una llamada en conferencia mientras trato de coger aire y grito: «¡Para!» cada cinco minutos!? Está bien, reprogramaré la conferencia para después de empacar los almuerzos y sacar a todo el mundo por la puerta hacia afuera o llegaremos tarde, tarde, tarde. Siempre llegamos tarde. Y si no me levanto ahora mismo, otra vez llegaremos tarde.

Mi sensación de pereza se había convertido en puro cansancio y el día ni siquiera había empezado. Agarré el teléfono para chequear la hora y vi los muchos correos electrónicos que habían llegado en la noche.

Mi alma me advirtió: *no le prestes atención a las exigencias estridentes del mundo antes de intercambiar susurros con Dios.* Había incluido esa exhortación llena de sabiduría en un mensaje que le di a una multitud justo el fin de semana anterior. Parte de mí quería seguir mi propio consejo, pero una parte mayor no deseaba hacerlo.

La curiosidad ganó y abrí uno de los correos electrónicos mientras giraba la llave de la bañadera para llenarla y buscaba en el clóset algo que ponerme. A fin de proteger a todos los involucrados voy a cambiar los detalles de esta historia, pero mis reacciones emocionales se describen tal y como ocurrieron.

La primera línea del mensaje decía: «Debería darte vergüenza».

Encantador.

Provenía de una mamá de la misma escuela intermedia de mi hija que estaba muy ofendida porque su niña no fue invitada a la fiesta de cumpleaños de la mía. Presta atención a dos palabras en esa última oración que provocan el miedo en los corazones de muchas, muchas madres: *escuela intermedia*. ¿Necesito añadir algo más? ¡Bendito sea!

No importa que mi hija hubiera tenido problemas con esta chica porque hirió sus sentimientos durante todo el año. No importa que decidiéramos invitar solo a las chicas de su misma aula, de la cual esta otra niña no formaba parte. Y no importa tampoco que hubiéramos querido invitarla, pero el temor a que repitiera el daño que había causado hizo que mi hija tuviera un ataque de llanto.

Así que no la invitamos. No estoy diciendo que fuera la decisión correcta. Sin embargo, honestamente, no la tomamos por rencor en lo absoluto. Habíamos hecho muchas cosas para acercarnos a esta chica y mostrarle amor, y mi hija estaba completamente agotada de no recibir a cambio más que heridas. Fue una decisión difícil y que no tomé a la ligera.

No obstante, recibí aquel correo diciendo que debía sentir vergüenza... el mismo día en que estaba cansada y tratando de llevar a todo el mundo a todas partes.

Y el correo no solo decía eso, sino que esta otra mamá fue muy clara en cuanto a que tenía planes de hacer que llevaran a mi hija a la oficina del director y le recordaran que fuera amable con su hija.

No conozco la definición oficial de *frenética*. Sin embargo, cuando alguien se siente toda enredada, *frenética* parece una palabra adecuada. Así que ahí estaba yo, frenética, justo al comienzo de un nuevo día.

De manera habitual soy una mamá de escuela intermedia que se mantiene fuera del drama. Y no tengo reparos en reconocerlo cuando mis hijos necesitan que se les corrija y reencauce. No obstante, ese día me podía ver atacando a la persona que me hirió con la respuesta perfecta. Esta mamá me había herido profundamente. La balanza se inclinaba por completo a mi favor. Por lo tanto, debía herirla a ella también de un modo profundo. Entonces la balanza estaría pareja y yo dejaría de sentirme frenética al lograr este equilibrio de igualdad de dolor. Con todo, algo en mi espíritu no se sintió nada mejor después de que en mi mente reajustara la balanza.

Me sentía abrumada.

Ahí estaba yo, a punto de ser de las que explotan y luego sienten vergüenza por no actuar más como alguien que realmente ama a Jesús y le sigue. Gracias a Dios, el hecho de identificar mi tendencia me ayudó a ver por adelantado el lado negativo de la reacción que estaba a punto de tener. Me imaginaba sintiendo la vergüenza de explotar con esta mujer, y no me gustó lo que sentí. No quería que la vergüenza fuera mi realidad.

A veces me digo a mí misma: «Bebe la vergüenza para que no tengas que comerte el remordimiento». En otras palabras, prueba un poco de la vergüenza de perder todo el control antes de que te sorprendas ahogada en galones de remordimientos no deseados.

Beber la vergüenza de lo que podría suceder si dejaba que mis emociones fuertes se salieran con la suya me ayudó a no explotar. Y eso es bueno. No obstante, todavía tenía que procesar lo que había sucedido para hacer que los sentimientos hirientes se disiparan, para lidiar con mis sentimientos muy honestos y que todavía no eran muy piadosos.

Bebe la vergüenza para que no tengas que comerte el remordimiento.

Lo último que debemos hacer es cambiar nuestra explosión dañina por la manera dañina de ocultar los sentimientos.

Recuerda, el equilibrio entre ambas cosas produce la integridad del alma donde nuestra honestidad es piadosa. Ahora necesitaba perspectiva de parte de Dios.

Cómo encontrar la integridad de mi alma según la perspectiva de Dios

Saber lo que necesitamos no siempre se traduce en querer lo que necesitamos. Lo menos que yo quería en ese momento era que un versículo bíblico viniera a mi mente. Estaba frenética. Y no sé si a ti te sucede, pero es difícil agarrar la Biblia cuando uno se siente así. De modo que cerré los ojos y dije: «Dios, la próxima vez que la vea, ¿puedo darle una bofetada?».

No es que alguna vez lo fuera a hacer de verdad. Me sentía tan mal que solo deseaba imaginar que lo hacía. Terrible, ¿verdad? (Insisto, bebe la vergüenza para que no tengas que comerte el remordimiento.)

Pasaron varias horas antes de que agarrara mi Biblia, pero cuando lo hice, sabía que tenía que repasar el versículo de Efesios 6 que habla sobre cómo nuestros enemigos no son de carne y sangre. Y descubrí algo nuevo y fresco en ese capítulo tan conocido. Sin embargo, antes de que lleguemos a la parte nueva y fresca, repasemos Efesios 6.12:

> Porque nuestra lucha no es contra seres humanos, sino contra poderes, contra autoridades, contra potestades que dominan este mundo de tinieblas, contra fuerzas espirituales malignas en las regiones celestiales.

Sentía que mi enemigo era la mujer del correo que me había regañado, pero este pasaje revelaba la verdad. En la economía de Dios, las personas no están en lados opuestos de la balanza del conflicto. Las personas se encuentran de un lado y Satanás del otro. Cuando vaciamos nuestro dolor en la vida de otra persona, no estamos equilibrando la balanza del conflicto. Solo estamos hundiendo más el lado de los seres humanos en esa balanza y elevando el lado de Satanás. A Satanás le encanta cuando hacemos este trabajo por él al hablar mal los unos de los otros.

El secreto para solucionar los conflictos de manera saludable no es adoptar una postura de «tú contra mí», sino comprender que se trata de todos nosotros contra Satanás, él es el verdadero enemigo. No obstante, esto es difícil de hacer cuando lo único que vemos es esa persona de carne y hueso que, con toda honestidad, ha pinchado el último nervio bueno que nos queda.

Un momento así pudiera parecer la ocasión perfecta para guardar nuestro cristianismo debajo de la cama. Con todo, sin duda alguna es en realidad una de las más grandes oportunidades que tenemos para mandar de nuevo a Satanás avergonzado al infierno. Una mujer que ama a Jesús que se levanta y, de manera inesperada, otorga gracia cuando seguro podía haber hecho lo contrario, revela así el poder y el misterio de la obra de Cristo en su vida y el mundo.

Es por eso que Pablo termina Efesios 6 haciendo una declaración muy específica sobre las palabras: cómo quiere que las usemos y el impacto que desea que ellas tengan. Esta es la parte fresca y nueva. Esta fue la parte que no había visto ni con la cual me había identificado antes. Después de explicar que Satanás es nuestro verdadero enemigo, de recordarnos que nos pongamos cada día nuestra armadura espiritual, y de recordarnos la necesidad absoluta de la oración, Pablo dice algo más:

> Oren también por mí para que, cuando hable, Dios me dé las palabras para dar a conocer con valor el misterio del evangelio (Efesios 6.19).

El lugar donde aparece este versículo resulta crucial e intencional. Después de recordar quién es el enemigo verdadero y que la persona que nos hiere no es nuestro enemigo, debemos considerar cuidadosamente las palabras con las que le hablamos a esta persona. A fin de cuentas, una cosa es decidir en la mente que dicha persona no es mi enemigo y otra muy distinta es hablar palabras que den a conocer el misterio del evangelio. ¡Qué tremenda elección!

Como todavía estaba cuidando mi herida, quería que el versículo dijera: «La mayor parte de las veces, cuando abran la boca, den a conocer el evangelio. Pero cuando alguien les mande un correo electrónico avergonzándolos, ese día es la excepción. Siéntanse con libertad de explotar contra esa persona».

O algo como: «La mayor parte de las veces, cuando abran la boca, den a conocer el evangelio. Pero cuando resulte evidente que la otra persona tiene sus problemas, deben

A Satanás le encanta cuando hacemos este trabajo por él al hablar mal los unos de los otros.

buscar que sea consciente de los mismos y hacerle a ella lo mismo que les hizo a ustedes».

O tal vez: «La mayor parte de las veces, cuando abran la boca, den a conocer el evangelio. Pero si se sienten heridos de verdad, busquen a otros para que se sumen a su causa y hagan que la otra persona quede tan mal parada como sea posible».

Sin embargo, eso no es lo que dice Efesios 6.19. Este versículo afirma que tengo que dar a conocer el evangelio *cuando hable.* ¿Resulta fácil? ¡Claro que no! A fin de tener alguna oportunidad necesito desarrollar por adelantado una estrategia para reaccionar en situaciones como estas. Por adelantado quiere decir que no tengo que esperar a recibir el comentario hiriente o el correo que me quiere causar vergüenza. En un momento sin emociones y con la cabeza clara, debo elaborar un modelo de respuesta. Entonces, el día en que otra persona decida tratar de quitarme la calma con sus emociones descontroladas, puedo aferrarme a la integridad de mi alma.

Elabora un modelo de respuesta
Estoy tratando de recordar que no puedo dejar que mis labios ni la punta de los dedos al escribir sean lo primero que enfrente un conflicto. Mi lengua es poderosa y tiene potencial para vida y muerte. E igual lo tiene el envío de un mensaje de texto o correo electrónico hiriente.

Esa es justo la razón por la que necesito un modelo de respuesta. Desarrollé este en un momento muy neutral a nivel emocional, que es el mejor tiempo para pensar bien las cosas con la honestidad piadosa de la integridad del alma. En un momento acalorado de frustración o ira, necesito este modelo preelaborado para impedir que diga cosas sin pensar. Así que esto fue lo que se me ocurrió cuando necesito una respuesta escrita. Por supuesto, esta misma idea puede ajustarse un poco y usarse también en las interacciones cara a cara. Siéntete libre de emplearlo o crea tu propia versión para usarla la próxima vez que necesites una respuesta escrita o verbal.

1. Comienza dándole honor a la persona ofensora.
Esto no resulta fácil. Probablemente no nos parezca que la otra persona merece honor en ese momento. Y quizás sea así. En realidad,

no tenía deseos de honrar las palabras de la señora que me ofendió. Así que no honré sus palabras. La honré a ella como persona, un ser humano al que Dios ama. Tengo que recordar que dar honor dice más de mi carácter que del carácter de la otra persona.

He aquí cómo lo hice: *Estimada Sally, veo que eres una madre que se interesa mucho por su hija.*

Le di honor al señalar una buena cualidad que sé que ella posee. Incluso si tienes que pensar bastante en qué cualidades buenas tiene tu ofensor, la mayoría de las personas sí tienen cualidades redentoras.

2. Mantén tu respuesta breve y llena de gracia.

Mientras más palabras digamos, mayor será el riesgo de ponernos a la defensiva. Si hay que aclarar algo, hazlo de manera concisa y envuelta en gracia.

Esto fue lo que escribí:

Unas líneas para reconocer el dolor expresado: *Entiendo qué difícil puede ser cuando sentimos que dejaron fuera a nuestra hija. Como tú, yo sufro cuando mi hija sufre.*

Unas líneas para aclarar mis intenciones: *¿Pudiera contarte de corazón cuál fue la intención cuando solo invitamos a las chicas del aula de Hope? Si hubiera podido, Hope habría invitado a muchas más. Pero esta pareció la manera de hacer que la fiesta fuera más manejable.*

Unas líneas de honestidad gentil sobre el asunto en cuestión: *Este ha sido un año difícil para Hope. Quizás estás al tanto de los conflictos que nuestras hijas han tenido. Si quieres hablar sobre algunas posibles maneras de guiar mejor a las chicas en su forma de actuar y reaccionar entre sí, lo haré con mucho gusto.*

Y si corresponde una disculpa: *Por favor, acepta mis más sinceras disculpas por herirlas a ti y a tu hija.*

Una oración pidiendo gracia: *Gracias por concederme gracia en esta situación.*

3. Termina ofreciendo compasión.

Es muy posible que la persona esté dolida por razones que no tengan nada que ver con esta situación. Ahondaremos más en este tema en otro capítulo. Por ahora, ¿por qué no ser alguien raro que le ofrece amor a esta persona difícil de amar... *Con mayor amor y compasión de lo que estas palabras puedan expresar, Lysa.*

Por supuesto, si no te es posible terminar tu nota así de una manera sincera, no finjas. Sé que algunos conflictos pueden hacer que resulte imposible terminarlo todo con amor. Así que tu final compasivo pudiera ser: *Bendiciones... Gracias... o Con gracia.*

Por favor, recuerda que no es necesario responder a todos los correos rudos. Yo sabía que tenía que responder a este. Así que pídele a Dios que te ayude a saber cuándo lidiar con ellos y cuando simplemente borrarlos.

Además, recuerda que no toda confrontación cara a cara necesita una respuesta verbal. No obstante, cuando así sea, puedes fácilmente usar lo que sugerí aquí para entablar una conversación. Solo ten en cuenta estos tres puntos: da honor, hazlo de manera breve y con gracia, y muestra compasión. Honor, gracia, compasión. H. G. C.

Ya sea que estemos cara a cara o enviando una respuesta escrita, necesitamos recordar que existe una gran diferencia entre una *reacción* y una *respuesta*. Las reacciones son por lo general palabras rudas que se usan para mostrar cuán equivocada está la otra persona. De esto nunca resulta nada bueno. Una respuesta gentil, por otra parte, «calma el enojo» (Proverbios 15.1). Escoger una respuesta gentil no quiere decir que seas débil, en realidad, significa que posees una fortaleza poco común y piadosa.

Escoger una respuesta gentil no quiere decir que seas débil.

Creo que voy a repetir esta última oración, no tanto por ti, sino porque... ¡cielos, yo lo necesito! *Escoger una respuesta gentil no quiere decir que seas débil, en realidad, significa que posees una fortaleza poco común y piadosa.*

Entonces, ¿cómo terminó este drama de la escuela intermedia? Envié mi respuesta y no supe enseguida de la otra madre. Con el tiempo tuvimos una conversación sobre nuestras hijas para ayudarlas a procesar la herida entre ellas y llegar a un punto más neutral. Hope y la otra chica nunca se hicieron amigas íntimas. Eran chicas muy diferentes con necesidades muy diferentes en una amistad. Y no hay ningún problema con eso.

Por mi parte, tuve que mantener las cosas en perspectiva, como el hecho de que la escuela intermedia de una forma u otra resulta bastante inestable y un día terminará. Hace poco escuché algo en la radio que me ofreció una gran imagen de lo que significa mantener las cosas en perspectiva. El locutor radial estaba hablando de cuánto la gente se asusta cuando sus gatos se suben a los árboles. Su invitado era un bombero que recibe al menos una llamada semanal de alguien que quiere ayuda para bajar a su gato. El bombero dijo que si tenía tiempo, los ayudaba, pero que si no podía ir, le recordaba gentilmente al dueño del gato que nunca ha visto el esqueleto de un gato en un árbol. Muy buen punto e interesante también. Eso me ayudó a recordar que mi hija no estará eternamente en la escuela intermedia. Y esa otra mamá que está lidiando con los problemas de su propia hija en la escuela intermedia tampoco tendrá ese problema por siempre. Todo pasará. Y al final, es bueno recordar que no tengo la tarea de arreglar a esta mujer con mi respuesta. Eso le toca a Dios. Mi función es ser obediente a Dios en medio de mis propios problemas.

No puedo decir que tener un modelo de respuesta nos impedirá por siempre explotar y luego sentir el peso de la vergüenza, pero sí nos ayudará a dar un paso más positivo que el que hubiéramos dado antes de esta travesía.

Por ahora, enfócate en el progreso que estás haciendo. Dale gracias a Dios por ello y allana tu camino con gracia. Gracia para ti misma cuando seas de las que explotan y luego sienten vergüenza, y gracia cuando experimentes el otro lado de la moneda como alguien que explota y culpa a otra persona.

Las que explotan y culpan a los demás

De vez en cuando intento ser «esa mamá». Ya sabes, esa que empuña la pistola de pegar mientras crea algo digno de una exposición en la tienda Hobby Lobby. Y la que les lee a sus hijos en voz alta con alegría sin saltarse las páginas. Sí, ella.

Sin embargo, nunca funciona para mí.

Consideremos, por ejemplo, la vez en que se me ocurrió ir a la venta de liquidación de un almacén de libros. Subí a mis hijos al auto y decidí que esta sería la ocasión perfecta para hacer que mi gente se enamorara de los libros. Supuse, de manera equivocada, que una venta podría hacer que cualquier persona sintiera amor por la literatura. No fue así. A mis hijos no les importaban los libros para nada. Lo que ellos querían se hallaba en una caja al lado de los estantes. Los paquetes de colores brillantes estaban llenos de promesas. Tomé de las manos de mi hijo uno de ellos que decía que era el proyecto de ciencias más divertido del mundo. Cada vez que un paquete de color brillante usa las palabras *divertido* y *experimento* en la parte del frente, una madre debiera tener cuidado. Sobre todo cuando dicho paquete cuesta un dólar. Ella debería ser muy sabia y decirles a sus hijos: «No».

No obstante, cansada de todos los esfuerzos para convencerlos de que amaran los libros, llegué a la conclusión de que puesto que habíamos dedicado nuestra mañana a esta venta, deberíamos al menos salir con algo educativo. Así que compré varios de los experimentos.

Artemias. En eso se suponía que aquellos paquetes se convirtieran. Frase clave: *se suponía*. Mis hijos estaban superemocionados por empezar. Echamos los químicos en el envase, el agua, los pequeños cristales de alimento y los arbolitos plásticos verdes donde se suponía que las artemias podrían jugar luego de que se incubaran.

En este punto debiera contarte que esta es una de esas historias con un lado bueno y uno malo. Sí, señora, ¿cuál quieres escuchar primero?

Lo bueno fue... que algo se incubó.

Lo malo fue... que no eran artemias.

Después de dejar el experimento en preparación toda la noche, me desperté y me encontré en mi cocina una invasión de las moscas más grandes, repugnantes y peludas que hayas visto jamás. No estoy segura de si las artemias sufrieron una mutación o si una especie de larva se introdujo en los paquetes y se comió nuestras artemias.

De cualquier modo, resultó terrible.

La moraleja de la historia es sencilla. Algunas mamás han sido capacitadas por la mano de Dios para ser «esa mamá». Han sido creadas con un don especial para cocinar, confeccionar artesanías y limpiar, algo que les resulta natural.

Otras hemos sido escogidas de manera encantadora a fin de proporcionar el alivio humorístico necesario para entretener a este mundo. Y para que los futuros terapeutas tengan trabajo. Sé que esta historia ahora suena cómica, pero en ese momento fue otra más que me impidió pertenecer al club de las buenas mamás.

Mi diálogo interior sobre la mamá buena y la mala me atormentaba:

Las mamás buenas incuban artemias. Las mamás malas incuban moscas asquerosas.

¡Espera! Las mamás buenas ni siquiera compran experimentos con artemias en una venta de libros. Las mamás malas batallan para decirles a sus hijos que no y ceden muy fácilmente.

Las buenas mamás acuden a la Internet y descubren cómo transformar la catástrofe de las moscas en una lección de ciencias enriquecedora para sus hijos. Las mamás malas matan a las moscas y les esconden a sus hijos toda la evidencia.

El diálogo continuó. Y con cada palabra de confirmación de que yo era una mala mamá, mis emociones aumentaban cada vez más. En una escala de estrés del 1 al 10, podría haber estado rondando el 4, pero esta conversación en mi cabeza fácilmente me llevó al 7. Añádele a eso una pelea entre niños por quién lamió la tostada de quién en el desayuno y el hecho de que no podía encontrar mi celular, y ya llegué a 9,8. Estaba lista para explotar y culpar a cualquiera que tuviera la desgracia de encontrarse cerca. Lo que sentía era ira. Lo que necesitaba era dominio propio.

Estoy tratando de entender mejor este concepto del dominio propio. La Biblia incluye muchos versículos sobre el tema, entre ellos Proverbios 25.28, Gálatas 5.23 y 1 Pedro 5.8. Sin embargo, es difícil mostrar dominio propio cuando alguien hace cosas fuera de mi control que ponen de punta mis emociones. Así que se trata de algo que estoy aprendiendo. Cuando las acciones o palabras de otra persona amenazan con sacarme de control, tengo una opción. Sí. Pudiera parecer que no. En realidad, pudiera parecer que soy esclava de mis sentimientos, pero no lo soy. Recuerda, los sentimientos son indicadores, no dictadores. Pueden indicar que hay una situación con la que necesito tratar, pero no deben indicar cómo reacciono. Tengo una opción.

Dominio propio

«¡Tengo una opción!» A veces digo esto en voz alta en medio de un momento de ira para impedirme explotar. Mi opción radica en si voy a darle o no el poder a la otra persona para que controle mis emociones. El que refrena su lengua tiene el poder. Cuando reacciono con gritos, perdiendo los estribos o haciendo un comentario cortante, básicamente estoy entregándole mi poder a la otra persona. En el caso de mis hijos, eso significa que estoy dándole mi poder a uno de mis cinco adolescentes. ¡Vaya!

Una vez que considero mi respuesta desde esta perspectiva, comprendo con rapidez que no deseo entregarle mi poder libremente a alguien a quien no le corresponde manejarlo. Y no quiero estar en una situación donde me vea tentada a ser más inmadura que mis hijos o cualquier otra persona. Cuando carezco de poder, carezco de dominio propio. Así que según mi opinión, si voy a permanecer controlada, tengo que mantener mi poder.

Los sentimientos son indicadores, no dictadores.

Ahora bien, cuando hablo de «mi poder» no me refiero a algo que yo invoco. Me refiero al poder de Dios obrando en mí. Cuando reacciono de acuerdo a la Palabra de Dios, siento ese poder. Cuando reacciono de manera contraria a la Palabra de Dios, me siento impotente.

Las palabras de Dios en Isaías nos ofrecen un buen recordatorio de cómo podemos usar su poder independientemente de nuestra situación:

Así como la lluvia y la nieve descienden del cielo, y no vuelven allá sin regar antes la tierra y hacerla fecundar y germinar para que dé semilla al que siembra y pan al que come, así es también la palabra que sale de mi boca: No volverá a mí vacía, sino que hará lo que yo deseo y cumplirá con mis propósitos (Isaías 55.10–11).

¿Captaste eso? ¡La Palabra de Dios no regresará vacía! La respuesta para mantener el poder de Dios conmigo y obrando en mí a fin de producir dominio propio es dejar que la Palabra de Dios penetre en mí. Su Palabra filtrándose en mi mente y mi corazón logrará cosas:

cosas buenas, cosas poderosas, cosas que me ayudan a mostrar dominio propio. Así es como tengo acceso al poder de Dios.

De modo que, una vez dicho todo lo anterior, te explicaré mi nueva táctica: cuando enfrento una situación en la que alguien me está poniendo los nervios de punta, comienzo a citar la Palabra de Dios en tiempo presente, ya sea en mi cabeza o en voz alta, en dependencia de la situación. Por ejemplo, si uno de mis encantadores hijos comienza a actuar de una manera *no tan encantadora,* puede que traiga a mi mente 1 Pedro 5.6–8 y diga (o al menos piense antes de responder): «En este momento escojo tener dominio propio y estar alerta. Tus actos me suplican que grite y pierda el control, pero entiendo que tengo un enemigo, y ese enemigo no eres tú. El diablo anda rondando y buscando devorarme mediante mi propia falta de control ahora mismo, pero soy una hija de Dios. Así es, lo soy. De modo que voy a dejar que Dios obre en mí con humildad y tranquilidad. Y cuando lo haga, él hará que yo y mis nervios exaltados superemos esta situación, y me permitirá tener una reacción mucho mejor de la que pueda mostrar ahora. Solo dame unos minutos y luego hablaremos de esto con calma».

Por supuesto, si estuviera con una compañera de trabajo o una amiga, podría excusarme o pedirle que me llamara después para hablar del asunto. Entonces citaría en mi mente la Palabra de Dios hasta que mi ser interior se hubiera calmado. De cualquier manera, procesar las cosas con las Escrituras en el tiempo presente mantiene mi corazón en un estado mucho mejor.

Ahora bien, si yo hubiera leído este consejo hace veinte años, habría puesto los ojos en blanco y pensado: *vaya, qué especial, ella ha memorizado mucho de las Escrituras. Sin embargo, ¿qué tal acerca de una chica como yo que apenas se sabe Juan 3.16?* Esto no es tanto un ejercicio de memorización como de aplicación. Es decir, mantén los versículos a mano. Los que hemos usado en este libro resultarán. Anota algunos que en realidad te motiven en la aplicación para notas de tu teléfono, en tarjetas de cartulina o en notas autoadhesivas en tu escritorio. Y he aquí lo bueno: ¡Mientras más los uses, más probabilidades tienes de memorizarlos! Esto es muy importante, porque cuando actuamos de acuerdo a la Palabra de Dios, actuamos según la voluntad divina.

Amiga, hay tremendo poder en eso. Y te hará brillar con tanto dominio propio que tus hijos, amigos, cónyuge y compañeros de trabajo no sabrán qué hacer contigo.

Voy a ser honesta. Aunque conozco y enseño este principio, hay ocasiones en las que siento que los versículos bíblicos en tarjetas de cartulina dichos en tiempo presente no están a la altura de mi explosión.

Lo entiendo, pero Dios sí está a la altura. La comunicación divina con él es lo que se necesita, y a veces la manera más rápida en que la establezco es yendo directo a su Palabra. ¿Por qué una comunicación divina? Porque necesitamos que Dios nos ayude a contener las explosiones. A contener la culpa. Y a contener la vergüenza. Proverbios 29.18 afirma: «Donde no hay visión, el pueblo se extravía». Este es un buen recordatorio de que solo la visión o la verdad de la Palabra de Dios pueden ayudar a controlarnos de la manera correcta. La palabra hebrea para «visión» en este versículo es *chazown,* que significa comunicación divina. Es otras palabras: «Sin *comunicación divina,* el pueblo se extravía». Interesante, ¿verdad?

Refrenamiento santo

Citar la Palabra de Dios en tiempo presente infunde en nuestros corazones un refrenamiento santo y disipa nuestras reacciones para que no perdamos el control. ¿Es esto simplemente otra forma de dominio propio? No, existe una diferencia entre el dominio propio y el refrenamiento santo. El dominio propio es un fruto del Espíritu Santo. Es la expresión externa de nuestra relación con Dios. El refrenamiento santo es la semilla de ese fruto. Es la experiencia interna de vivir con Cristo y realmente aplicar sus verdades a mi vida. Significa decidir que no solo voy a *ingerir* sus verdades al interiorizarlas y sentirme bien por causa de ellas durante unos pocos minutos. Voy a *digerir* sus verdades al hacerlas parte de quién soy y cómo vivo. Existe una gran diferencia entre ingerir la verdad y digerirla.

Aprendí cómo funciona esto la noche en que mi hija menor, Brooke, vino a preguntarme si podía hornear un pastel a las nueve de la noche. Después que mi cocina estaba limpia y cerrada hasta el otro día. ¡Vaya! Nada en mí quería que esta niña horneara un pastel. Sin embargo, había estado en un seminario para padres que animaba a los progenitores a no decirle que no a sus hijos instantáneamente. (¿Por qué voy a esos seminarios?)

En fin, Hope, la hermana mayor de Brooke, se ofreció para ayudarla, y yo estaba demasiado cansada como para discutir con las súplicas incesantes de una niña de nueve años. Brooke midió y vertió, batió y revolvió, y con mucho cuidado colocó en el horno una tártara llena de mezcla para hacer pastel. Luego encendió la luz del horno y observó mientras el pastel se horneaba. Su pastel se convirtió en su foco de atención. No podía dejar de mirarlo, y se ponía cada vez más impaciente porque los minutos transcurrían lentamente en el reloj.

Como a los treinta minutos, de los cuarenta y cinco que tomaba hornear el pastel, este parecía estar listo. Olía a listo. Brooke quería que estuviera listo. ¡Ella razonaba que debía estarlo! Hope la ayudó a sacar el pastel y lo colocó en el mostrador para que se enfriara. Por unos minutos parecía fabuloso, pero no pasó mucho tiempo antes de que el pastel implosionara. El pastel no pudo soportar la presión de un centro inacabado... y nosotros tampoco podemos.

Tenemos que pasar tiempo con Dios y dejar que sus verdades se conviertan en parte de quiénes somos y cómo vivimos. Eso es lo que significa tener una experiencia interna con él. Solo entonces desarrollaremos un refrenamiento santo. Y este refrenamiento santo nos contendrá cuando queramos salir a la carga de manera agresiva. Nos ayudará a mordernos la lengua cuando queramos soltar un montón de gritos. Nos ayudará a detenernos antes de arremeter contra alguien con una diatriba impulsiva.

Una vez que desarrollemos ese refrenamiento santo a partir de una experiencia interna con Dios, podremos tener expresiones externas que honran a Dios. Recuerda, el refrenamiento santo es la semilla que produce el fruto del dominio propio. Este *El refrenamiento santo es la semilla que produce el fruto del dominio propio.* dominio propio es la expresión externa —la evidencia— de un centro bien terminado que nos ayuda a responder de manera más piadosa.

De modo que sí, la Palabra de Dios, su comunicación divina obrando en nosotros a nivel interno, realmente nos puede ayudar a nivel externo cuando nos veamos tentadas a ser de las que explotan y le echan la culpa a otros.

Encuentra la quietud

Recuerda que nuestra meta, ya sea que explotemos y nos avergoncemos o que explotemos y culpemos a otros, es el progreso imperfecto. Cuando he tenido una explosión, me siento mucho más *imperfecta* que haciendo un *progreso*. Estamos tratando con emociones y relaciones... lo cual es como intentar clavar gelatina en la pared. Es un proceso complicado, desordenado e impredecible, sin que quepan dudas. A veces una puede agotarse, preguntarse si alguna vez dejará de explotar y querer darse por vencida. No obstante, antes de hacerlo, he aprendido a calmarme. Esto a menudo significa apretar una especie de botón de pausa en cualquier situación en que me esté dando deseos de explotar. Idealmente, implicaría apartarme a solas en la quietud de mi casa. Sin embargo, a veces significa pedir permiso e ir al baño. Los compartimentos de los baños pueden ser muy buenos cuartos de oración (risa). La idea es que la única manera en que puedo ver lo que Dios está haciendo y prestarle atención a lo que me revela es aquietándome junto a él.

Los compartimentos de los baños pueden ser muy buenos cuartos de oración.

Por supuesto, es difícil estarse tranquilo cuando estoy en un posible estado mental de explosión. No obstante, al terminar este capítulo, quiero compartir contigo cinco cosas hermosas que he descubierto en la quietud, cinco cosas que son un bálsamo para los bordes ásperos de un alma a punto de explotar.

1. En la quietud nos sentimos lo suficiente seguras como para humillarnos.

Lo menos que deseo hacer en un momento de confusión emocional es ser humilde. Quiero hablar alto, ser orgullosa y demostrar mi punto. Sin embargo, he aprendido a fuerza de golpes que tengo que apartarme de la batalla y pedirle a Dios con humildad que hable la verdad a mi corazón para que las cosas comiencen a tener sentido. Nunca he tenido un problema relacional al que no haya contribuido al menos con algo. Y por lo general solo veo este algo en la quietud. La quietud es la que nos permite humillarnos. Como dicen las Escrituras: «Humíllense, pues, bajo la poderosa mano de Dios» (1 Pedro 5.6).

2. En la quietud Dios nos lleva a un punto más racional.

Cuando estamos en medio de emociones enmarañadas, las emociones alocadas nos arrastran a un foso de desesperación. La única manera de salir de allí es tomando la decisión de dejar de excavar cada vez más y volvernos a Dios en busca de una solución, «para que él [nos] exalte a su debido tiempo» (1 Pedro 5.6).

3. En la quietud la ansiedad da paso al progreso.

Podemos derramar nuestros corazones ansiosos ante Jesús, que nos ama justo donde estamos y como somos. Ya que su amor viene sin el injusto juicio humano, nos suavizamos y nos sentimos lo suficiente seguras como para reconocer con humildad que necesitamos que él obre en nosotras. Tratar de arreglar a otra persona solo añade más a mi ansiedad. El verdadero progreso ocurre al dejar que Jesús obre en mí. Yo reclamo la promesa que dice: «Depositen en él toda ansiedad, porque él cuida de ustedes» (1 Pedro 5.7).

4. En la quietud reconocemos que nuestro verdadero enemigo no es la otra persona.

Como señalé antes en este capítulo, la persona con quien tengo el conflicto pudiera parecer el enemigo e incluso lucir como tal. Sin embargo, la verdad es que esa persona no es la verdadera culpable. El verdadero culpable es Satanás, que está ejerciendo influencia tanto en mí como en la persona que me ofende. En un momento de enojo no siempre me doy cuenta de esto, pero en la quietud puedo recordarme la verdad y escoger una estrategia para responder con dominio propio. Esa es la sabiduría del versículo que dice: «Practiquen el dominio propio y manténganse alerta. Su enemigo el diablo ronda como león rugiente, buscando a quién devorar. Resístanlo, manteniéndose firmes en la fe» (1 Pedro 5.8–9).

5. En la quietud puedo confiar en que Dios usará este conflicto para bien, independientemente de cómo resulte.

Si hago el esfuerzo por manejar bien este conflicto, puedo ser libre de la presión de hacer que todo resulte color de rosa. A veces las relaciones se vuelven más fuertes mediante los conflictos, otras veces terminan. Ya que no puedo controlar a la otra persona, tengo que enfocarme en el bien que Dios está obrando en mí mediante esta situación y dejarle el resultado a él. La Palabra de Dios promete que «el Dios de toda gracia que los llamó a su gloria eterna en Cristo, los restaurará y los hará fuertes, firmes y estables» (1 Pedro 5.10).

Añade elementos a esta lista a medida que descubras tus propios beneficios al buscar la quietud cuando en realidad lo único que quieres hacer es explotar.

***

Oh, Dios, ayúdanos... ayúdame. Quiero ser una mujer apasionada controlada por ti y tu gracia... no alguien que explote y luego se avergüence de sí misma. Quiero beber la vergüenza para no tener que comerme el remordimiento. Quiero ser alguien que refrene su lengua y mantenga el poder del Espíritu Santo obrando en mí. Quiero interiorizar estas verdades y que se conviertan en parte de quién soy y cómo vivo.

Y sé que eso es lo que tú también quieres.

Progreso imperfecto.

¿Puedes percibir que avanzas hacia esa meta?

6

Las que ocultan

D isfruto animando a las personas. Me encanta ofrecer palabras de aliento y también recibirlas. Esa es probablemente la razón por la cual las palabras de *des*ánimo me afectan tanto. No me molestan las críticas constructivas que se hacen con un espíritu de amor. Sin embargo, cuando alguien no se ha tomado el tiempo de invertir en mi vida con palabras de aliento antes de ofrecer cierta clase de crítica constructiva, no me parece tan constructiva. ¿Sabes a lo que me refiero?

Cuando era una mamá joven tenía una amiga que era mucho más planificada que yo en su maternidad. Sus hijos disfrutaban de una siesta cada día a la misma hora. Ella no les daba azúcar. Y tomaban un baño cada noche, con cabeza y todo, antes de irse a la cama.

La admiraba, pero no era como ella. A menudo mis hijos dormían la siesta en el auto entre un mandado y otro. Siempre tenía una bolsita con chocolates en mi cartera... por si acaso. Y en cuanto a los baños, mis hijos siempre estaban limpios... ¡pero por todos los cielos, nunca me pareció necesario lavarles el cabello todos los días!

Yo simplemente hacía lo mejor que podía.

No obstante, «lo mejor» de mí molestaba a esta amiga tan organizada. Y no le daba ninguna pena expresar su desaprobación con respecto a mí. Siempre sabía que recibiría una crítica cuando ella comenzaba una oración diciendo: «Oye, no puedo creer que dejes que tus hijos...». O algo como: «¿No te preocupa cuánto _____ afectará a tus hijos a la larga?». O tal vez: «Bueno, mi esposo y yo no estamos de acuerdo con...».

Por mi parte, me tragaba el dolor con bocados de amargura, pero nunca le dije, ni una sola vez, cuánto me afectaban sus críticas. Solo las soportaba. Y las soportaba. Y las soportaba. Hasta que un día no pude soportarlas más. Dejé de ir al estudio bíblico al que asistíamos juntas, daba excusas alegando estar ocupada cuando ella me llamaba y puse tanta distancia entre nosotras que la relación desapareció por completo.

Ahora lo lamento.

A pesar de que ella dejaba bien claro su estilo de crianza, en realidad era una buena amiga. Y creo que podríamos haber aprendido mucho una de la otra. Tal vez yo la hubiera ayudado a que se relajara un poquito, y quizás ella me habría ayudado a ser algo más planificada. Nunca lo sabré, ya que decidí ocultar la herida y cortar la relación.

Mientras examinaba mi propia inclinación a ocultar y leía miles de comentarios en mi blog, descubrí dos tipos de reacciones en las que ocultan: las que ocultan y construyen barreras, y las que ocultan y coleccionan piedras para desquitarse. Existen varias razones por las cuales yo hago esto de ocultar.

Oculto porque:

- No me siento lo suficiente segura como para confrontar a esa persona.
- Ahora mismo no tengo la energía ni el tiempo para involucrarme en un conflicto.
- No sé cómo tratar con el problema.
- No quiero parecer hipersensible.
- No quiero que me rechacen.
- No quiero perder el control.
- No quiero empeorar las cosas, así que me convenzo de que puedo dejarlo pasar.

No obstante, si soy completamente honesta, debo decir que como mujer cristiana a veces también oculto las cosas porque me parece más piadoso. Versículos como Proverbios 10.19 nos advierten: «Hablar demasiado conduce al pecado. Sé prudente y mantén la boca cerrada»

(NTV). Así que planto esta idea en mi cerebro: «Es piadoso contener mis palabras». Luego refuerzo mi manera de pensar con un versículo como Proverbios 15.18: «El que es iracundo provoca contiendas; el que es paciente las apacigua».

Deseo mantener la paz. Quiero ser gentil y no contenciosa. Y eso es bueno si puedo hacerlo sin albergar amargura. A ello se le llama procesar las cosas de manera saludable. Sin embargo, existe una gran diferencia entre procesar las cosas de manera saludable y ocultarlas.

Llevo a cabo un proceso saludable cuando trato el asunto y disipo la herida. Tal vez lo haga mediante la oración y al estudiar mi Biblia. Quizás lo haga al conversar con un consejero o mentor. Tal vez si le doy al asunto el tiempo suficiente como para entender que a fin de cuentas no es gran cosa. Sin importar lo que haga, he aquí la clave: el resultado final es que los resentimientos se disipan. Si no es así, se ocultan. Y eso es un problema.

Como se señaló en el capítulo 4, las dos maneras en que las que ocultan reaccionan son construyendo barreras o coleccionando piedras para desquitarse. Y ninguna de estas reacciones llevará a la restauración del conflicto, sino a la aniquilación de la relación y la intensificación del problema. Y, a riesgo de sonar como una poetisa de mala calidad, eso no es subestimación.

Las que ocultan y construyen barreras

¿Alguna vez has tratado de mantener la paz al evitar la confrontación y fingir que todo está bien? Yo sí. Solo oculto las emociones negativas. Y eso hiere. A mí me hiere. Hiere a la otra persona. Y sin dudas hiere a la relación, que lentamente se erosiona. Lo que por fuera parece paz en realidad es el rugido silenciado de la barrera que se está construyendo por dentro.

Las barreras cortan la comunicación. Cuando uno decide que otras personas no son seguras, las califica con palabras como *exigentes, irresponsables, volátiles, egoístas* y *defensivas*.

Como mujer cristiana a veces también oculto las cosas porque parece más piadoso.

Independientemente de lo que hagan o no, esta barrera en forma de etiqueta es el filtro con el cual procesas todo con respecto a ellas.

La comunicación abierta es el oxígeno vivificador que alimenta las buenas relaciones.

En nuestra mente tal barrera queda asociada al nombre de la persona. El problema es que ellas no lo saben. Así que cada interacción las confunde. Saben que algo anda mal, pero no tienen idea de qué cosa es. Con el tiempo esta relación se marchitará y morirá, ya que se le ha privado de una comunicación abierta, el oxígeno vivificador que alimenta las buenas relaciones.

¿Barreras o límites?

Lo que necesitamos son límites, no barreras. Los límites son parámetros establecidos de forma clara que proporcionan una estructura segura para la comunicación y la salud de la relación. Para algunas personas pudiera ser difícil aceptar los límites que establezcamos, pero al menos los límites ofrecen claridad en lugar de confusión con respecto al estado de la relación.

He aquí algunos ejemplos de límites saludables expresados con claridad:

- «Si sigues llegando treinta minutos tarde a las actividades, vamos a ir en autos separados».
- «Necesito mejor ética de trabajo de parte tuya en la oficina o tendremos que hacer algunos cambios».
- «Si sigues gastando por encima de nuestro presupuesto, voy a hacer pedazos las tarjetas de crédito».
- «No puedo prestarte más dinero hasta que vea que estás haciendo un esfuerzo serio para conseguir trabajo».
- «Quiero traerte a tus nietos para que los veas, pero si simplemente estás en la Internet cuando ellos están aquí, no vale la pena que vengan».
- «Si no dejas de beber tanto o de usar drogas, me mudaré y me llevaré a los niños».[1]

La diferencia entre los límites y las barreras radica en la transparencia honesta. Cuando levantamos una barrera ante una persona es porque tememos ser honestas, estamos cansadas de ser honestas y salir heridas, o sentimos que la relación no merece el esfuerzo arduo que a veces implica la honestidad.

Cuando establecemos límites tenemos la valentía suficiente para ser honestas, pero además la compasión suficiente para envolver ese límite con gracia al comunicar claramente los parámetros de la relación. Las barreras confinan a las relaciones a un camino regresivo que lleva al aislamiento. Los límites colocan a las relaciones en un camino progresivo que lleva a la conexión.

La diferencia entre los límites y las barreras radica en la transparencia honesta.

El asilamiento destructivo que tiene lugar cuando la persona que oculta construye una barrera no se limita solo a una relación en la vida de esa persona. Se convierte en un patrón arraigado que impacta muchas relaciones, razón por la cual es crucial romper con ese modelo. «El que vive aislado busca su propio deseo, contra todo consejo se encoleriza» (Proverbios 18.1, NBLH). La *Nueva Traducción Viviente* declara: «La gente poco amistosa sólo se preocupa de sí misma; se opone al sentido común». Tremendo.

Sí, tenemos que romper este patrón, sin embargo, ¿cómo lo hacemos?

¿Qué quiero en realidad?

Sé que necesito aprender a expresar con gracia la transparencia honesta. No obstante, a veces en cambio cedo al temor y le doy vueltas a un problema en lugar de tratarlo de frente. Mientras más vueltas le doy, más basura emocional se añade a la situación. Resulta agotador. Y frustrante.

Es evidente que esto me ha sucedido en más de una ocasión.

He aprendido que lo más importante que debo hacer para comunicarme con honestidad y una transparencia llena de gracia es identificar lo que realmente deseo. No leas esta declaración demasiado rápido. Piensa en ella. Tengo que preguntarme a mí misma: *¿Qué es lo que realmente quiero en esta situación?* Luego necesito determinar cuán realista o no es ese deseo. Si no es realista, tal vez tenga que procesarlo con la otra persona hasta que podamos ponernos de acuerdo en una solución que *sea* realista.

He aquí un ejemplo de cómo resultó esto para mí hace poco. Tenía una reunión con mi equipo en la oficina de Proverbios 31. No voy a menudo a la oficina, ya que con todo lo que viajo los fines de semana para hablar en diferentes eventos, es mejor que trabaje desde mi casa durante la semana.

En fin, llegué y vi que mi equipo había transformado mi oficina en un almacén muy necesario y redistribuido los muebles que estaban allí entre otras personas que podrían usarlos todos los días. Habíamos hablado sobre esto antes y coincidí en que era una sabia decisión, pero al verla llevada a la práctica tan rápido, algo me tomó por sorpresa y encendió sentimientos contradictorios en mi corazón.

La parte racional de mi cerebro afirmaba que esto era algo bueno, la parte emocional del mismo batallaba. Cuando me fui a casa ese día, tenía una opción. Podía dejarme llevar por las emociones y hacer de esto un lío mucho más grande de lo necesario, o podía sentarme con Jesús y pedirle una perspectiva mejor del asunto.

A menudo he escogido el camino emocional. Y amiga, déjame decirte, ese camino sin dudas resulta agotador. Como miembro del club «oculta y sonríe por fuera mientras gritas por dentro», es un camino que he recorrido y que sin dudas recorreré otra vez. Esto forma parte de mi ADN y mi SPM. Sin embargo, en esta ocasión una extraña racionalidad me hizo sentarme con Jesús y buscar sabiduría.

Al hacerlo sentí que el Señor me susurró: «¿Qué quieres en realidad?».

«Quiero hacer pucheros, regodearme en lo justificado de mis pucheros y hacer más pucheros todavía», oré en respuesta. «Y luego quiero tragarme esta amargura y actuar un poco distante de estas chicas por un tiempo».

No obstante, en realidad eso no era verdad. Así era como me *sentía*, pero no era lo que *quería*. Existe una gran diferencia entre ambas cosas. Y al final, identificar la diferencia entre lo que sentía y lo que quería fue lo que me llevó a una buena solución, lo cual es siempre la meta cuando se aborda un conflicto.

Sabía que mis sentimientos debían ser indicadores, no dictadores. Y mis sentimientos sobre la oficina indicaban que tenía que procesar ciertas emociones para que tales sentimientos no dictaran mi reacción. Así que cuando consideré lo que era más importante para mí, me di cuenta de que lo que en realidad quería era una oficina en la casa. Una oficina de verdad. No una mesa en la cocina con montones de cosas por aquí y por allá, sino un espacio bien organizado al que pudiera considerar mío.

Identificar lo que realmente quería me ayudó a abrirme paso a través de las emociones y a enfocarme en una buena solución. Llamé a la administradora de la oficina y le dije que estaba pensando instalar una oficina en mi casa. Ella me dio mucho apoyo y me dijo que, cuando estuviera lista, podía tener mis muebles de la oficina de Proverbios 31 o el ministerio me ayudaría a comprar muebles nuevos. (Por cierto, al final sí preparé una oficina en la casa y he puesto fotos en *pinterest@ lysaterkeurst* si las quieres ver.)

No hubo sentimientos enmarañados. No se armó un lío. No tuve que ocultar nada ni catalogar a las chicas de mi oficina como indiferentes, lo cual fue algo bueno, ya que son las personas más cariñosas, compasivas y alentadoras que puedas conocer jamás. Qué trágico hubiera sido que ocultara lo que sentía y construyera una barrera que pudiera haber explotado grandemente y socavado mi relación con personas que me importan mucho.

Entiendo que esto es algo pequeño en comparación con muchas otras situaciones que enfrentaremos. Sin embargo, el proceso de pensar más allá de las emociones e identificar lo que realmente queremos tiene su mérito. Al menos, si sabemos lo que perseguimos, podemos estar capacitadas para expresar nuestras preocupaciones con honestidad, transparencia y gracia.

Por supuesto, las chicas de mi oficina hicieron que esta situación fuera mucho más fácil de procesar debido a la gracia amable y sensible que me mostraron. No obstante, ¿qué hay de esas situaciones que parecen imposibles con personas aparentemente imposibles?

Gente imposible

Antes de pasar a las que ocultan y acumulan piedras de desquite, quiero tratar el tema de la gente imposible. Sabemos que todo es posible para Dios, pero no todo es posible con personas que se niegan a ser guiadas por el Espíritu Santo.

He tenido que ser realmente honesta con respecto a ciertas personas en mi vida. No es productivo ni posible confrontarlas y esperar que de ello salga algo bueno. Si alguien me ha comunicado una y otra vez mediante sus acciones y reacciones que si lo confronto hará mi vida infeliz, en algún momento tengo que alejarme.

Con todo, no quiero ocultar las cosas y dejar que la amargura hacia esas personas me envenene. Así que, ¿cómo me alejo sin ocultar?

Reconozco que solo puedo controlarme a mí misma. No puedo controlar cómo actúa o reacciona otra persona. Por lo tanto, cambio mi enfoque de intentar arreglar a la otra persona y la situación para permitir que Dios me revele ciertas verdades delicadas. Por lo general, oro así: *Dios, estoy muy cansada de ser herida. Estoy cansada de sentirme distraída y desanimada por esta situación. Derrama tu misericordia abundante en mi corazón y en esta relación difícil. Ayúdame a ver las heridas evidentes que esta persona debe tener en su vida y que le hacen actuar de esta manera. Ayúdame a sentir compasión por su dolor. Ayúdame a ver cualquier cosa que yo esté haciendo o haya hecho que afectara de manera negativa esta situación. Y por favor, ayúdame a saber cómo separarme con gracia de esta fuente constante de dolor en mi vida. Todo parece imposible. Oh, Dios, háblame. Revélame claramente cómo puedo honrarte mejor incluso en esto.*

> **Mi función no es arreglar a la gente difícil en mi vida ni permitirle continuar con conductas irrespetuosas o abusivas.**

Mi función no es arreglar a la gente difícil en mi vida ni permitirle continuar con conductas irrespetuosas o abusivas. Mi función es demostrar obediencia a Dios con la manera en que actúo y les respondo a esas personas. Así es como mi amigo, el pastor Craig Groeschel, describe lo que significa alejarse de una persona difícil:

> Si usted intenta fielmente establecer límites saludables con una persona tóxica y esa persona sigue abusando, criticando,

amenazando, tentándole o haciéndole daño, es momento de cortar la relación tóxica. Lo correcto que se debe hacer es cortar la relación para protegerse a usted mismo. Para ser totalmente claro, no estoy hablando de divorciarse de su cónyuge. No nos divorciamos, abandonamos o dejarmos fuera nuestro cónyuge solamente porque estamos atravesando un período difícil. Si usted está teniendo una época difícil en su matrimonio, no entre corriendo al dormitorio gritando: «¡Eres tan tóxico que te abandono!». En cambio, llame a su pastor o a un consejero cristiano y trabaje en su matrimonio. Permita que lo diga de nuevo: no estoy hablando aquí de divorcio.

Tampoco estoy hablando de abandonar a uno de sus familiares. Debe de partir el corazón de Dios la frecuencia con que un padre o una madre abandonan a un hijo o un hermano deja de hablar con otro. Con la excepción del abuso extremo, la mayoría de los problemas pueden resolverse. Pero de vez en cuando, si una relación es tan tóxica que amenaza la salud espiritual (o la seguridad física) de otra persona, entonces es momento de amputar.

Vemos varios ejemplos de cortar relaciones en la Biblia. Cuando Pablo y Bernabé tuvieron un fuerte desacuerdo, en lugar de pelearse, acudir a los tribunales o murmurar por toda la ciudad, decidieron separar sus caminos (véase Hechos 15).[2]

Cuando leí esas palabras del pastor Craig, algo en mi corazón se calmó. Me di cuenta de que ni Pablo ni Bernabé eran mala gente. Ellos eran buenas personas. Sin embargo, no les iba bien juntos. Y eso puede suceder. Es mucho más saludable ser lo suficiente valiente como para irnos por nuestro lado que seguir escondiéndonos y hundiéndonos en un mar de amargura.

El apóstol Pablo nos ordena: «No paguen a nadie mal por mal. Procuren hacer lo bueno delante de todos. Si es posible, y en cuanto dependa de ustedes, vivan en paz con todos» (Romanos 12.17–18). Yo le presto atención especial a la parte que dice «en cuanto dependa de ustedes». No puedo controlar a otra persona, pero sí *puedo* controlar el hecho de si pago o no mal por mal. *Puedo* ser cuidadosa con mis acciones. *Puedo* hacer lo correcto, pero solo en cuanto dependa de mí; es decir, solo soy capaz de lograr un progreso en lo que respecta a mi persona. No puedo obligar a otras personas a tener este tipo de progreso si no están dispuestas a buscar la paz conmigo.

Si ellas toman la decisión de pasarme por encima en lugar de caminar conmigo, tendré que amarlas de lejos. Puedo perdonar y negarme a tener resentimientos en contra de esa persona, pero solo porque las perdone no significa que tenga que darles acceso a mi vida.

Claro, hay que manejar todo esto con mucha oración, porque cada situación y cada relación resultan complejas de una forma única. Sin embargo, no puedo ignorar los problemas evidentes y esperar que las cosas, de alguna manera milagrosa, mejoren por sí solas. *Yo* tengo que mejorar. Necesito dar los pasos necesarios para mantener intacta la integridad de mi alma. Tengo que tratar de ser la persona que Dios quiere que sea, independientemente de cómo los demás reaccionen.

Sí, deseo la integridad del alma que se produce al establecer límites saludables en mi vida. Y sé que ya sea que continúe con la relación o no, nunca es saludable construir una barrera y seguir ocultando lo que siento. No obstante, ¿qué hay de esas ocasiones en que uno oculta las cosas para después tener una explosión de todo eso que has estado escondiendo? Ese es el segundo tipo de persona que oculta las cosas: la que colecciona piedras de desquite.

Las que ocultan y coleccionan piedras de desquite

Mientras escribo estas líneas, los noticieros están llenos de historias sobre el décimo aniversario de los ataques terroristas del 11 de septiembre. Debido a los sucesos catastróficos que ocurrieron ese día, la mayoría de nosotros recordamos dónde nos encontrábamos y lo que estábamos haciendo cuando escuchamos por primera vez sobre los horrores del World Trade Center, el Pentágono y un campo al sureste de Pittsburgh. Yo me acuerdo. Sin embargo, me duele recordarlo.

Me encontraba parada en mi cocina con la vista fija en el teléfono, mientras repasaba en mi mente todas las razones por las que mi furia estaba justificada. Art me había hecho enojar mucho esa mañana. Esta fue solo una cosa más que se sumó a las muchas otras que estaba ocultando, y el impacto acumulado me llevó a la zona del desquite. Así que cuando Art me llamó de camino al trabajo, todo lo que llevaba meses ocultando estalló en una larga lista de todo lo que sentía que él hacía mal. Y cuando no respondió a mi diatriba como yo quería que lo hiciera, colgué con brusquedad el teléfono.

Luego me quedé con la mirada fija. Echaba chispas. Y hacía listas llenas de resentimiento.

Art me llamó unos minutos después. «¿¡Qué quieres!?», le dije, con cada palabra chorreando amargura.

Su voz sonó sorprendentemente sombría. «Lys, enciende el televisor. Creo que debes ir a buscar a los niños a la escuela». Agarré el control remoto del televisor y apreté el botón. Me quedé sin habla. Y cuando vi al segundo avión estrellarse contra el World Trade Center, me subí al auto de inmediato para recoger a mis hijos en la escuela.

Durante las semanas siguientes vi cientos de historias desarrollarse en los noticieros. Y de manera intencional enfrenté la fría y dura realidad de que había dado el amor por garantizado. Y mucho.

No disfruto recordando esa terrible pelea que Art y yo tuvimos aquel día espantoso, pero sí trato de recordar la lucidez que me dio sobre lo que en realidad es importante para mí. Muchas personas despidieron esa mañana a sus seres queridos mientras iban a trabajar o a subirse a un avión, y nunca más volvieron a verlos. ¿Qué tal si mis palabras escondidas y luego derramadas hubieran sido la última conversación que hubiera tenido con mi esposo? Esa idea me daba escalofríos. Y no lo digo de una manera trillada y emocionada por el momento. Lo digo de un modo que cambia la perspectiva. Un modo que me dejó impactada y me hizo comprender qué peligroso puede ser ocultar y coleccionar piedras para desquitarnos.

Amo a mi esposo y me encanta mantener la paz entre nosotros, pero me siento tan segura con Art que actúo con él de una manera en que no me atrevería a actuar con otros. Con otros soy tranquila, calmada y dueña de mí misma. Con el hombre que amo puedo volverme tranquila de una manera muy dañina. Eso quiere decir que por afuera estoy calmada, pero por dentro no lo estoy para nada. Por debajo de la superficie soy una fábrica de piedras emocionales, produciendo piedras como si fueran salchichas... piedras que colecciono, y colecciono, y colecciono. Hasta que un día... ¡pum! Algo sucede y todo eso que estuvo oculto entra en erupción y estremezco su mundo, literalmente.

Oculto lo que siento como una manera falsa de mantener la paz. Mantener la paz realmente no es una cuestión de detener las emociones. Recuerda, las emociones se mueven hacia dentro o hacia fuera, ya sea que lo queramos o no. Mantener la paz en realidad tiene que ver con procesar las emociones antes de que se oculten, se pudran y se vuelvan algo horriblemente dañino.

Procesamiento de preguntas

Entonces, ¿cómo procesamos estas emociones antes de ocultarlas? Como dije antes, la perspectiva ayuda. Mi amiga Holly siempre se pregunta: *si yo supiera que esta persona no va a regresar a casa esta noche, ¿aun así dejaría que esto me molestara?* Esa es una pregunta buena y rápida que podemos hacernos para impedir que las cosas pequeñas se conviertan en cosas grandes.

Otra pregunta buena es: *dentro de un mes, ¿me acordaré de por qué estoy tan enojada?* Si la respuesta es no, probablemente deba procesar la situación y dejarla ir. En verdad, no puedo recordar qué fue lo que tanto me enojó aquel 11 de septiembre. No obstante, recuerdo mi reacción intensa e inadecuada. Sí, la perspectiva ayuda.

¿Estoy tratando de probar que tengo la razón o de mejorar la relación?

Sin embargo, ¿qué hay de las cosas más grandes —las heridas que perduran, los asuntos crónicos, las situaciones que se repiten— de las que al parecer no podemos librarnos tan fácilmente? Necesitamos una estrategia para procesarlas también. Si no lidiamos con las cosas más grandes que se acumulan en nuestro montón de piedras, después seremos en particular vulnerables a una explosión donde se lanzan piedras de desquite. En el próximo capítulo hablaremos más acerca de desarrollar un plan personal para manejar los conflictos. Con todo, permíteme por ahora describir la estrategia que uso para lidiar con las piedras que estoy acumulando.

En mi caso, me hago una pregunta crucial, tan crucial que pudiera decir que *no* hacerla llevará a que el conflicto aumente en lugar de a que la relación se restaure. Así que, ¿cuál es esa pregunta crucial?

¿Estoy tratando de *probar* o de *mejorar*?

Es decir, ¿es mi deseo *probar que tengo la razón* en este conflicto, o mi deseo es *mejorar la relación*?

Cuando trato de probar que tengo la razón, uso la emoción oculta para justificar mi actividad en la fabricación de piedras. Herida sobre herida construye piedra sobre piedra mientras acumulo muchas pruebas de que tengo la razón y la otra persona está equivocada. Entonces, cuando ocultar lo que siento por fin lleva a una explosión, estoy armada con un montón de piedras producto de heridas y ofensas pasadas, lista para presentar mi caso. Probarlo. Y ganarlo a toda costa. Reacciono guiada por el dolor y el enojo, y digo cosas de las que luego me arrepiento.

Por otro lado, cuando mi deseo es mejorar la relación, busco comprender los motivos de la otra persona e interesarme en la relación lo suficiente como para pelear por ella en lugar de en su contra. En vez de reaccionar por enojo, me detengo y dejo que el Espíritu Santo redirija mis primeros impulsos.

De este modo enfrento el *asunto* y no a la *persona*.

Cuando enfrento un asunto, hago más preguntas. Sé que pudiera parecer que me hago muchas preguntas, pero es de esa forma que analizo las cosas. Y aunque a veces este análisis es interno, hay ocasiones en que analizar la situación con otra persona resulta bueno y necesario. Procesar las cosas de manera externa con otra persona es un gran apaciguador, porque me obliga a canalizar toda esa frustración contenida de una forma preventiva y por tanto a manejar la situación en lugar de dañarla.

Considera estas preguntas que me han ayudado a redirigir mi enfoque de probar que tengo la razón a mejorar la relación:

- ¿Me ayudarías a entender por qué te sientes así?

- ¿Podemos acordar concretarnos al asunto en cuestión y no sacar a relucir asuntos del pasado?
- ¿Cuál es un resultado bueno que queremos obtener de esta situación?
- ¿Cómo podemos llegar a un arreglo en este asunto?
- ¿Qué cosa buena pudiera surgir de esto que mejoraría nuestra relación para seguir adelante?

Por supuesto, uno tiene que hacer las preguntas con el tono correcto y un deseo honesto de comprender mejor a la otra persona. (¡Créeme, yo lo he preguntado con una actitud sarcástica que ha impedido cualquier tipo de progreso!) No obstante, formulada en el tono correcto, es mucho mejor hacer una pregunta gentil que lanzar una piedra amarga y condenatoria.

Art y yo le hemos cambiado el nombre a lo que solíamos llamar peleas. Ahora les llamamos a nuestras rencillas ocasionales «oportunidades de crecimiento». ¿Y acaso no es el crecimiento una meta deseable para cualquier relación? Vale la pena elaborar estrategias saludables. Incluso si lo hacemos de manera imperfecta, cualquier progreso es bueno. A fin de cuentas, somos nosotras las que nos beneficiamos de hacer un análisis saludable. Nuestras relaciones mejorarán. Nuestras perspectivas serán más positivas. Comenzaremos a ver que las verdades bíblicas se hacen realidad en nuestras vidas, lo cual fortalecerá nuestra relación con Dios. Y aprenderemos a identificar asuntos en nosotros que necesitan atención... como las expectativas poco realistas.

Cómo lidiar con las expectativas poco realistas

Las expectativas poco realistas son a menudo las semillas de las emociones que hemos ocultado con amargura. He tenido que ser muy honesta conmigo misma sobre mis propias expectativas. A veces, cuando mi realidad no está a la altura de mi ideal, me siento desairada.

¿Alguna vez te ha sucedido esto con una relación?

Quisieras que tu esposo fuera más romántico, así que desarrollas expectativas de que él de repente se aparezca con un ramo de flores y te diga palabras románticas que te hagan desmayar. Esperas que no hable por teléfono cuando están juntos. Te encantaría que se involucrara más con los niños cuando llega del trabajo y te ayudara a limpiar la cocina después de la cena. O quizás solo deseas que te abrace. Quisieras que tu mamá se pareciera más a la mamá de tu amiga, que está muy apegada a los niños y ayuda con ellos. Así que tienes expectativas de que de pronto ella sea una superabuela, que llega con un juego de artes manuales y un deseo ardiente de ayudarte. Anhelas que sea un líder espiritual en tu familia. O quizás desees que exigiera menos de tu tiempo y estuviera menos involucrada en tu vida.

Quisieras que tu amiga tuviera más tiempo para ti, así que tienes la expectativa de que conteste todas tus llamadas y salgan juntas a almorzar una vez por semana. Desearías que te animara más cuando tienes problemas. O te gustaría que estuviera dispuesta a escuchar en lugar de querer aconsejarte enseguida.

Puedo descontrolarme y ocultar pensamientos hirientes el día entero debido a este asunto de las expectativas en las relaciones. Mis piedras de desquite por lo general vienen recubiertas de expectativas insatisfechas.

Entonces, ¿qué hago? Bueno, me resulta muy útil enumerar las expectativas que tengo en una relación en la que me siento desairada. Así que, en oración, analizo si mis expectativas son realistas o no. Y si en realidad no puedo discernir una cosa u otra, pregunto. Le pregunto a Dios. Le pregunto a la persona. Le pregunto a alguien sabio que nos conozca bien a ambas.

Las expectativas poco realistas incluyen cosas que la otra persona no puede o no está dispuesta a hacer por mí. De modo que tengo que renunciar a esas cosas. Sin dudas, Dios puede cambiar a esa persona o cambiarme a mí al reacomodar mis deseos. Mientras tanto, es injusto que use mis expectativas como la norma para medir la conducta de esa persona o que las levante en su contra cuando dicha persona no viva a la altura de mis deseos.

Las expectativas realistas son cosas que puedo esperar con bastante seguridad que la otra persona haga por mí. Mi próximo paso, entonces, es discernir cómo puedo comunicar estas expectativas con gentileza y en el momento adecuado. El momento es la clave.

La esposa de mi pastor, Holly Furtick, me contó hace poco que ella determina en oración el momento adecuado de tener tales conversaciones con su esposo, Steven. Mientras hace los mandados, prepara la cena u hojea las revistas de modas (¡a esta chica le encanta la moda!), ella ora que Dios le revele el momento. ¡Y él lo hace!

En una oportunidad, Holly quería conversar con Steven sobre algo que la había estado molestando, pero no deseaba que se convirtiera en un problema grande. Determinó que era una expectativa realista de su parte, así que se dedicó a orar por el momento adecuado. Unas semanas después, ella y Steven regresaban a casa de un viaje. De repente, él le dio un pedazo de papel y le dijo: «Anota tres cosas que pudiera hacer mejor como esposo».

Holly sonrió. ¡Esto era justo por lo que ella había estado orando, pero mucho mejor todavía! Su esposo fue el que preparó el camino para una conversación saludable.

¿Por qué no le llevas a Dios en oración tus expectativas y tu necesidad de discernimiento al respecto? ¿Por qué no le pides que se involucre? El ejemplo de Holly me inspiró y me proporcionó una herramienta más para impedirme ocultar lo que siento y así formar piedras de desquite. Dios no siempre obra tan rápido a fin de responder nuestras oraciones en cuanto al momento, pero qué consuelo y ánimo al ver cómo resultó la situación de Holly.

Sí, es posible permitir que los conflictos, las confrontaciones y las conversaciones a su tiempo lleven nuestras relaciones a un mejor nivel. A un nivel mejorado. Un nivel donde aprendemos a analizar en lugar de ocultar, dejando así atrás la recolección de piedras. Por supuesto, a menos que estemos hablando de piedras lindas, pequeñas y brillantes. En ese caso, amiga, puedes recolectar todas las piedras que quieras. ¡Art, te estoy haciendo una sugerencia!

Sentimientos

Creo que Morris Albert se traía algo entre manos cuando compuso la muy popular canción «Feelings» [Sentimientos], allá por el año 1970. Él escribió: «Sentimientos, nada más que sentimientos». En esta balada descorazonada los *sentimientos* lo consumen todo; por cierto, casi cada oración contiene la palabra *sentimientos*. Una y otra vez en verdad no se trata más que de sentimientos.

¡Cuán parecido al mundo de una mujer! Ya sca que estemos lidiando con explotar u ocultar, todo se reduce a las emociones fuertes que sentimos en el momento. Y esas emociones pueden resultar agobiantes. Sin embargo, oro que estos capítulos te hayan presentado la posibilidad de considerar estrategias que nos ayudarán a no explotar en el momento o a no ocultar después. Siempre necesitamos recordar que los sentimientos deben ser indicadores y no dictadores. Sé que ya he mencionado esta verdad antes, pero necesito escuchar las cosas una y otra vez antes de en realidad interiorizarlas. Otra ocasión en que Dios me mostró esta verdad fue una mañana mientras conducía.

A una de mis hijas no le gusta levantarse temprano para ir a la escuela. Y no, no es la que el año pasado se acostó dramáticamente frente a la puerta y proclamó que hacer a un niño ir a la escuela era oficialmente un abuso.

No. Se trata de su hermana.

De camino a la escuela en esta mañana tan «agradable», estábamos teniendo un momento de vínculo emocional mientras le explicaba que sus actos eran inaceptables y tendrían consecuencias. Me encantan las consecuencias. Me gusta que sean las consecuencias las que griten, para así no tener que hacerlo yo. En fin, en medio de este momento tierno de vínculo emocional, la mencionada hija proclamó: «Algunas mañanas simplemente no tengo deseos de ser agradable. Y si no me siento agradable, no puedo actuar agradable».

Sentimientos, nada más que sentimientos.

Quisiera poder controlar la banda sonora de mi vida con tan solo apretar un botón. De ese modo hubiera hecho sonar esta canción y la habría usado para destacar un momento muy dramático mientras llegábamos a la escuela intermedia. En cambio, la miré y le hablé con tal sabiduría que tuve que llamar a una amiga para alardear enseguida que dejé en la escuela a la chica feliz.

«Hija, los sentimientos son indicadores, no dictadores. Pueden indicar cómo está tu corazón en este momento, pero eso no significa que tengan el derecho a dictar tu conducta y gobernarte. ¡Tú eres más que la suma total de tus sentimientos y perfectamente capaz de mostrar ese pequeño don de Jesús que se llama dominio propio!».

Estoy muy segura de que su mirada vidriosa y el interminable «mamiiiiiiiiiiiii» quisieron decir que ella estaba completamente de acuerdo con mi sermoncito mañanero. Sin embargo, ya fuera que lo estuviera o no, *yo* estaba totalmente conectada con esta verdad... una verdad que estoy bastante convencida de que vino directamente del Espíritu Santo y era tanto para mí como para mi hija. ¿No es maravilloso cuando uno está disciplinando a los hijos y Dios susurra: «Eso está muy bien. Espero que estés escuchando para que puedas aplicar esa misma verdad a tu vida»?

Cuando mis emociones toman las riendas, siempre parezco acabar sintiéndome como la persona que describió el profeta Jeremías: «¡Maldito el hombre que confía en el hombre! ¡Maldito el que se apoya en su propia fuerza y aparta su corazón del SEÑOR! Será como una zarza en el desierto [...] Morará en la sequedad del desierto» (Jeremías 17.5–6). Sí, cuando dejo que mis sentimientos me gobiernen y confío solo en mi carne para manejar las situaciones, me convierto en una zarza vieja y de corteza dura, que vive en sequedad.

Sin embargo, Dios me dio más que simplemente un corazón para procesar la vida. También me dio la mente.

No me malentiendas, está bien sentir. Los sentimientos son indicadores y es bueno evaluar con honestidad lo que estamos sintiendo y por qué. Necesitamos mantener un equipo indicador en nuestros corazones para analizar, aclarar y comprender con mayor profundidad nuestras vidas y relaciones. Sin embargo, Dios me dio más que simplemente un corazón para procesar la vida. También me dio la mente. Una mente hecha para que la verdad impere y mantenga a raya mi corazón. Tenemos que recordar algo: «Nada hay tan engañoso como el corazón [...] Yo, el SEÑOR, sondeo el corazón y examino los pensamientos» (Jeremías 17.9–10).

Somos algo más que la suma total de nuestros sentimientos. Somos más que personas que explotan y se avergüenza... o personas que explotan y culpan a otros. Somos más que personas que ocultan lo que sienten y construyen una barrera... o personas que ocultan lo que sienten y coleccionan piedras para desquitarse. En realidad, somos mucho más. Somos hijas de Dios hechas para caminar en verdad con integridad del alma.

Necesito un manual de procedimientos

S i de pronto quiero que todo el mundo en mi casa entre en un estado de alerta máxima en cuanto a la limpieza, invito a alguien para que se quede con nosotros. Y si ese invitado resulta ser mi mamá, deben saber que me pondré un poco neurótica. No porque ella venga a visitarnos, ya que eso me emociona, sino porque deseo que vea que estoy haciendo las cosas bien y no estoy criando a mi familia en una pocilga. «Pocilga» es el término con que ella describía la habitación que yo ocupaba cuando era una adolescente.

¡Ejem!

Así que cuando mi mamá viene de visita, hay dos cosas que son completamente obligatorias:

1. Tengo que depilarme las cejas.
2. Tengo que ir a Target y comprar toallas nuevas para ella.
   Vivo con una familia que consta de cinco hijos y tres perros. (¿Te acuerdas del problema con las toallas que conté en el capítulo 1? No hace falta decir más, ¿verdad?)

Había trabajado duro a fin de asegurarme de que la casa estuviera lista para mi mamá. Hasta reabastecí el refrigerador con frutas frescas cortadas, y me aseguré de que no hubiera pelo de perro en las sábanas recién lavadas. Digamos que me esmeré.

Todo iba bien. Incluso mamá comentó sobre lo lindo y limpio que estaba todo en el piso inferior de la casa. Pura dicha. Luego subió para acomodarse en su habitación. De repente, se escuchó proveniente de las escaleras una pregunta que resonó en mis oídos y no olvidaré pronto: «Lysa, ¿dónde está el asiento del inodoro del baño de las niñas?».

¿Cómo?

«¿Por qué, mamá, qué quieres decir?», masculló. Con el corazón al galope, la cara roja y seriamente confundida, corrí escaleras arriba.

Bueno, amigas mías, lo único que puedo decir es que no había nada más que el borde de la taza de porcelana donde antes estaba el asiento del inodoro. Mis hijas son responsables de mantener su propio baño, ¿cómo se suponía que yo lo supiera? Y cuando les pregunté, ellas contestaron despreocupadamente: «Ah, sí, hace como un mes que está así».

¿Un mes? ¡Señor, ayúdame!

Y fue en ese momento cuando sentí que algo cambió dentro de mí. De pronto, mi motivo fundamental pasó a ser probarle a mi mamá que en realidad lo tenía todo bajo control... ¡aunque evidentemente no era así!

Me mostré brusca y muy controladora con mis hijos durante el resto de la visita. Si se les olvidaba decir «por favor» o «gracias» frente a mi mamá, les imponía unas consecuencias mayores que la ofensa. Los criticaba mucho y estaba neurótica en cuanto a ser puntuales y organizados en cada detalle de los dos días que pasamos juntos. Y al final, hasta me puse de mal genio con mi mamá.

Desagradable. ¡Ah, cómo los motivos equivocados pueden en realidad hacerme perder el control! Y cuando hablo de motivos me refiero a mis deseos, los sentimientos que me impulsan a actuar, reaccionar y vivir de la manera en que vivo. Por lo general soy una buena persona con buenos motivos, pero no siempre. No cuando quiero que la vida se trate un poco más de mí o de hacerme lucir bien. Es entonces cuando mis motivos se tornan equivocados.

Evitar la realidad nunca cambia la realidad.

La Biblia es bastante directa al nombrar el verdadero problema aquí: malos deseos.

¡Ay! No me gusta ese término para nada y me parece un poquito severo para lo que me estaba sucediendo, ¿verdad? Sin embargo, en lo profundo de mi corazón sé la verdad. Evitar la realidad nunca cambia la realidad. Suspiro. Creo que debo decirlo de nuevo: evitar la realidad nunca cambia la realidad. Y lo que deseo en realidad es un cambio. Así que pongo mi honestidad sobre la mesa: tengo malos deseos. Los tengo.

Quizás no el tipo de malos deseos que me llevará a ser la protagonista de un episodio televisivo de misterio, pero sí el tipo de deseos que me aleja de ser la clase de mujer que quiero ser. Una mujer con un espíritu tranquilo y una naturaleza divina. Deseo que resulte evidente que conozco a Jesús, que amo a Jesús y que paso tiempo con Jesús cada día. Entonces, ¿por qué salen a la superficie otras cosas cuando mi vida se vuelve estresada y mis relaciones tirantes? Cosas como...

Egoísmo: quiero las cosas a mi manera.
Orgullo: solo veo las cosas desde mi punto de vista.
Impaciencia: apresuro las cosas sin la consideración adecuada.
Enojo: dejo que las frustraciones entre en erupción.
Amargura: me trago las explosiones y las dejo enconar.

Es más fácil evitar estas realidades que tratar con ellas. Prefiero mucho más lidiar con los regueros en mis gavetas que lidiar con los regueros en mi corazón. Prefiero correr al centro comercial y comprarme una blusa nueva que correr a Dios y buscar una nueva actitud. Prefiero mucho más comerme un bizcocho de chocolate que escudriñar mi corazón. Prefiero mucho más señalar los defectos de otros que darles un vistazo a los míos. Además, resulta mucho más fácil limpiar mis gavetas, correr a la tienda, comerme un bizcocho y ver los defectos de otros. Mucho más fácil.

Racionalizo que no tengo tiempo para volverme psicológica y examinar mi egoísmo, orgullo, impaciencia, enojo y amargura. Y en honor a la verdad, estoy cansada de saber que tengo defectos, pero no tengo idea de cómo controlarlos en un día determinado. Necesito algo sencillo. Algo que me permita tomar conciencia y regresar a la realidad con rapidez, y que pueda recordar en medio de los desastres cotidianos.

Y hermana, creo que lo encontré.

Cómo colocar mi corazón en el flujo del poder de Dios

¿Recuerdas lo que hablamos sobre Pedro en el capítulo 3? ¿El apóstol que cambió de evasivo a roca firme? ¡Cuánto me identifico con este hombre! A menudo leo las dos cartas del Nuevo Testamento que llevan su nombre. Aunque hay un debate entre los estudiosos acerca de si Pedro en realidad escribió 2 Pedro o no, parece claro que cualquiera que lo haya hecho comprendía bien la lucha de querer ser de una manera, pero actuar de otra; tener poder divino, pero caer presa de los malos deseos; conocer y amar a Jesús, pero sentirse a veces ineficaz e improductivo al vivir esa realidad.

¿Hay alguien que suspira demostrando conformidad? ¿Tal vez alguien susurró bajito: «Yo también»?

Cielos, ser tan honestas es difícil, ¿cierto? No obstante, me encantan estos versículos de 2 Pedro que tratan mis problemas con tanta claridad:

> Su divino poder, al darnos el conocimiento de aquel que nos llamó por su propia gloria y potencia, nos ha concedido todas las cosas que necesitamos para vivir como Dios manda. Así Dios nos ha entregado sus preciosas y magníficas promesas para que ustedes, luego de escapar de la corrupción que hay en el mundo debido a los malos deseos, lleguen a tener parte en la naturaleza divina.
>
> Precisamente por eso, esfuércense por añadir a su fe, virtud; a su virtud, entendimiento; al entendimiento, dominio propio; al dominio propio, constancia; a la constancia, devoción a Dios; a la devoción a Dios, afecto fraternal; y al afecto fraternal, amor. Porque estas cualidades, si abundan

en ustedes, les harán crecer en el conocimiento de nuestro Señor Jesucristo, y evitarán que sean inútiles e improductivos (2 Pedro 1.3–8).

Tremendo. ¿El poder divino de Dios nos ha dado todo lo que necesitamos para una vida piadosa? *¿Todo?* Si es así, ¿por qué todavía pierdo el control?

Sí, Dios nos ha dado todo, pero estoy aprendiendo que esta promesa encierra un requisito. Tengo que «esforzarme» para añadir algunas cosas a mi fe. Cosas como la virtud, el entendimiento y el dominio propio. Tengo que añadir esos atributos. Preciso hacer esa elección. Entonces puedo colocar mi corazón en el flujo del poder de Dios y trabajar con él en lugar de en su contra.

Es mediante las «preciosas y magníficas promesas» de Dios que puedo participar de la naturaleza divina. Una naturaleza muy diferente a la mía. Tal vez no sea gentil por naturaleza, pero puedo serlo por obediencia. Esto ocurrirá si —y solo si— me preparo con procedimientos bíblicos predeterminados en los que puedo apoyarme cuando comienzo a sentir que el gran descontrol está llegando.

Hace poco experimenté una ilustración vívida de cuán crucial es tener procedimientos predeterminados. Había ocupado mi asiento en el avión para asistir a un evento donde tenía que hablar. Todo me pareció bastante normal durante el proceso de abordar. Sin embargo, cuando el avión estaba a punto de comenzar a rodar por la pista, las cosas se volvieron muy anormales. Una mujer a unas pocas filas detrás de mí comenzó a gritar obscenidades. Y cuando digo gritar no me refiero a hablar muy alto. Me refiero a que llevó su voz hasta el extremo.

Tal vez no sea gentil por naturaleza, pero puedo serlo por obediencia.

Ella estaba completamente descontrolada porque se había encontrado un pedazo de chicle pegado a su bolsa de papitas. De dónde salió el chicle, es un misterio, pero la manera en que se sentía no lo era. Lo que brotó de su boca fue tan obsceno que hizo que mis ojos, ya enormes, se abrieran y saltaran como insectos con esteroides.

La mujer gritaba y estaba tan fuera de control que los sobrecargos rápidamente alertaron al capitán para que detuviera el vuelo. Cuando quedó claro que los sobrecargos tampoco podrían contener la situación, dos hombres vestidos de manera sencilla se pusieron en pie repentinamente y sacaron placas, las cuales indicaban que eran alguaciles federales.

Y como nota al margen, no sé cómo uno consigue una de esas placas, pero me encantan. De pronto me imaginé siendo una de los «Ángeles de Charlie», ostentando una insignia, lanzando patadas de kárate y doblegando a los malos. O, en este caso, a una mujer gritona. En serio, si esto de hablar y escribir no resulta, me voy a conseguir una placa de algún tipo.

En fin, uno de los alguaciles reunió a la tripulación del avión mientras el otro trataba de calmar a la pasajera. Cada profesional de la aerolínea que iba a bordo de inmediato siguió las instrucciones aprendidas al pie de la letra. Resultaba evidente que habían sido entrenados para manejar situaciones peligrosas. No se dejaron dominar por las emociones. Sencillamente, siguieron los procedimientos. Yo observaba asombrada mientras la mujer seguía aumentando su conducta desfachatada, pero la gente entrenada para manejarla nunca perdió el control.

Ella gritaba.

Ellos hablaban tranquilos y en tono bajo.

Ella amenazaba.

Ellos desviaban sus amenazas con advertencias gentiles.

Entonces ella llevó las cosas a un nivel completamente diferente: «¡Tengo una bomba! ¡Tengo una bomba! ¡Tengo una bomba!».

No estoy bromeando.

Sé que piensas que es así, pero no.

Fue en ese momento que saqué el aceite para ungir que mi pastor me había dado el día antes. Mi asiento se volvió aceitoso y santo. Llamé a Art y a mi amiga Amy y les pedí que oraran. Y mandé un tuit solicitándoles a mis amigas cibernautas que oraran también.

Al final, los alguaciles —junto con dos policías y otras personas más del departamento de Seguridad Nacional que habían abordado el avión— la sacaron esposada y se la llevaron.

Seré honesta contigo. Esta mujer llevó el asunto del descontrol a un nivel que yo nunca olvidaré y espero no volver a experimentar.

Sin embargo, tampoco quiero olvidar nunca las respuestas increíbles de los sobrecargos y los oficiales que lidiaron con aquella situación explosiva. Es evidente que su entrenamiento y los procedimientos no solo los mantuvieron calmados, sino también mantuvieron en calma a todo un avión lleno de pasajeros. Y contemplar eso fue algo maravilloso.

Así que empecé a pensar que tal vez necesitaba mi propio conjunto de procedimientos predeterminados para cuando el egoísmo, el orgullo, la impaciencia, el enojo o la amargura asomaran sus feas cabezas. Pues en el momento en que los experimento, me considero justificada de sentirlos y me resulta difícil luchar con ellos. No obstante, las promesas de Dios —sus verdades y ejemplos en las Escrituras— son lo suficiente poderosas como para reencauzarme hacia la naturaleza divina que debo poseer.

> *Necesito mi propio conjunto de procedimientos predeterminados para cuando el egoísmo, el orgullo, la impaciencia, el enojo o la amargura asomen sus feas cabezas.*

Tener un plan predeterminado de parte de Dios me ayudará a permanecer más tranquila cuando empiece a sentirme descontrolada. Más piadosa. Más alineada con las Escrituras.

Es cierto, seguiré siendo vulnerable a perder el control. Incluso después de que leas este libro, tú lo serás también. Cada una de nosotras es susceptible a emociones impredecibles, emociones experimentadas bajo la influencia de las hormonas. Dicho eso, aun así quiero prepararme de todas las maneras posibles para mantenerme fuera del combate emocional. Deseo permanecer en el flujo del poder de Dios y participar de su naturaleza divina.

Mi manual de procedimiento bíblico

Uno de mis ejemplos favoritos del Antiguo Testamento en cuanto a cómo manejar las emociones fuertes es el rey Josafat, cuya historia se relata en 2 Crónicas 20. Un día este rey recibió noticias muy malas. Tres países se habían unido y formaron un ejército poderoso para atacar a su país, Judá, que era mucho más pequeño. El peligro era grande. La derrota parecía inminente. La muerte en masa representaba una realidad.

Creo que yo me hubiera sentido un poquito descontrolada bajo tales circunstancias, ¿y tú? Sin embargo, ante esta situación potencialmente horrible, el rey Josafat no enloqueció ni explotó. En cambio, hizo cinco cosas específicas que me dieron toda una nueva perspectiva sobre cómo mantenerme bajo control cuando un suceso de la vida amenaza con hacerme volar en pedazos. Basándome en las verdades de la historia de Josafat, diseñé un plan de preparación para mi corazón y mi mente, y escribí un manual de procedimiento bíblico predeterminado a fin de tener una calma piadosa en mis situaciones descontroladas.

Paso 1: Recuerda quién eres. 〉

Atemorizado, Josafat decidió consultar al Señor y proclamó un ayuno en todo Judá. Los habitantes de todas las ciudades de Judá llegaron para pedir juntos la ayuda del Señor (2 Crónicas 20.3–4).

Me encanta la manera en que esta historia plantea desde el principio que Josafat sentía temor. Dada la situación, el temor era un sentimiento adecuado. Sin embargo, aunque su sentimiento era un indicador válido y razonable de lo que estaba enfrentando, no lo obligó a tener una reacción descompuesta. ¿Por qué? Porque las Escrituras son claras en que ya él había predeterminado cómo reaccionar. Las dos palabras que anteceden y siguen al nombre del rey Josafat, *atemorizado* y *decidió* representan dos realidades que son especialmente significativas para esta lucha que tengo con las emociones fuertes.

Atemorizado, Josafat *decidió*. El rey había *decidido* consultar al Señor. Así quiero ser yo. Cuando me sienta atemorizada, deseo al mismo tiempo estar decidida. *Atemorizada, Lysa decidió*. Y he aquí lo que quiero decidir hacer: recordar quién soy.

Tenemos un lema de tres palabras en nuestra familia que les decimos a nuestros hijos prácticamente cada vez que salen por la puerta de nuestra casa. Estas tres palabras encierran toda lección moral, toda lección bíblica y toda lección de la vida que les hemos enseñado. Repetimos esta frase en lugar de acribillarlos con un sermón como: «Sean amables, usen los modales, vigilen lo que dicen, no beban, no fumen, no manejen por encima del límite de velocidad», y otras advertencias parecidas. En cambio, lo único que oyen son estas tres palabras: *Recuerden quiénes son.*

Esto significa: recuerda, eres un TerKeurst, y un buen nombre es mejor que todas las riquezas del mundo. Y más importante todavía, recuerda que eres un hijo de Dios, santo y amado, a quien Dios ha separado para llevar a cabo un plan poderoso. No existe nada en este mundo que amerite ser cambiado por eso. Recuerda quién eres.

El rey Josafat estaba decidido. Él determinó de antemano recordar quién era. Y eso le impidió descontrolarse. Necesito hacer lo mismo. No soy una mujer descontrolada esclava de sus circunstancias, sus hormonas y las actitudes de otras personas.

Esas cosas pudieran afectarme, pero no me gobiernan. Soy una hija de Dios, santa y amada, a quien Dios ha separado para un plan poderoso. Y no hay nada en este mundo que amerite ser cambiado por todo eso. Sí, tengo que recordar quién soy.

Paso 2: Reenfócate en Jesús.

Nosotros no podemos oponernos a esa gran multitud que viene a atacarnos. ¡No sabemos qué hacer! ¡En ti hemos puesto nuestra esperanza! (2 Crónicas 20.12).

¿No resulta frustrante estar en situaciones, conflictos o momentos difíciles y no tener idea de qué hacer? Es difícil sentir que no hay soluciones fáciles ni respuestas seguras. Sin embargo, me encanta la confesión honesta del rey Josafat y su pueblo. Ellos no sabían qué hacer, pero sabían a *quién* volverse. Su atención estaba centrada en el Señor. Me he apoyado muchas veces en la verdad de este versículo cuando no he sabido qué hacer.

Hace unos años, una conferencia en la que participaba como oradora estaba llegando al final y esperaba con ansias disfrutar de una cena relajada con nuestro equipo esa noche. Mi amiga Beth y yo comentábamos las posibles opciones de restaurantes cuando una miembro frenética del equipo organizador del evento nos dijo que había una emergencia y nos necesitaban de inmediato. A una señora que asistía a la conferencia le acababan de comunicar que sus dos nietos habían muerto ese día en un incendio. Momentos después nos encontramos junto a una mujer que estaba tirada en el suelo, rodeada de sus amigas y llorando hasta el punto en que apenas podía respirar.

Los nietos de la señora, de ocho y cuatro años, habían pasado con ella recientemente las vacaciones de primavera. Apenas unos días antes los había abrazado y mecido, les había acariciado el cabello y cubierto de besos sus caritas. ¿Cómo era posible que estuvieran muertos? La trágica noticia fue demasiado para ella y tuvo un colapso.

El técnico médico de emergencia que había estado tratando de ayudarla a respirar se hizo a un lado para que pudiéramos sostener las manos de la señora y orar con ella. Al principio yo hablaba torpemente mientras le pedía a Jesús que derramara su más tierna misericordia en la situación. Oré por consuelo y la confirmación de que aquellos niños preciosos estaban siendo abrazados por Jesús en ese mismo momento. Resultaba muy difícil. Mi corazón de mamá se dolía profundamente por esta mujer y no podía contener mis propias lágrimas.

Cuando mi amiga Beth comenzó a orar, observé algo milagroso. Cada vez que ella decía «Jesús», el cuerpo de la mujer se relajaba, su llanto disminuía y su respiración se calmaba. Así que cuando me tocó orar de nuevo, solo mencioné su nombre una y otra vez. Esa dulce abuela se unió a mí: «Jesús, Jesús, Jesús».

Mientras seguíamos repitiendo el nombre de Jesús, sentimos un derramamiento de poder que iba más allá de lo que nosotras podíamos lograr juntas por nuestra cuenta. La Biblia enseña que hay poder y protección en el nombre del Señor (Juan 17.11). Yo vi ese poder. Lo experimenté. Y no lo olvidaré pronto.

El alma humana está diseñada para reconocer y responder a la seguridad tranquilizadora de Jesús. Cuando estoy en un momento de descontrol, puedo invitar a un poder que está por encima del mío con el solo hecho de pronunciar su nombre. No tengo que saber qué hacer. No necesito tener todas las respuestas. No preciso recordar todo lo que aprendí en el estudio bíblico la semana pasada. Solo tengo que recordar una cosa, un nombre: Jesús.

Y esto no es algo que se aplica solo a los sucesos trágicos de la vida. Se aplica también a los cotidianos. A veces estoy llevando a los niños a la escuela en la mañana, decidida a que todos vamos a actuar de manera agradable y piadosa. En ocasiones hasta me atrevo a tener un pequeño tiempo devocional como parte de nuestro recorrido, pero en eso todo el mundo comienza a echarme a perder la felicidad y... ¡pum! Ya mamá no está de humor para devocionales. Mamá tiene ganas de gritar.

En momentos así se me ha visto agarrar el timón y comenzar a proclamar en voz alta: «Jesús... Jesús... Jesús... Jesús... Jesús». ¡Invito a que su poder venga a mi pequeño vehículo de transporte colectivo! Y eso saca de paso a mis hijos. Les he oído decir: «Mamá, por favor, no bajes la ventanilla cuando te detengas en la escuela, ¿está bien?».

Sí, mantener mis ojos y mi boca enfocados en Jesús es una parte crucial de mi manual de procedimientos para momentos de descontrol.

Paso 3: Reconoce que tú no tienes la función de Dios.

«Escuchen, habitantes de Judá y de Jerusalén, y escuche también Su Majestad. Así dice el Señor: "No tengan miedo ni se acobarden cuando vean ese gran ejército, porque la batalla no es de ustedes sino mía"» (2 Crónicas 20.15).

A veces me involucro en situaciones en las que me consume el hecho de tratar de descifrar qué hacer. Mientras más pienso en las opciones, más aumentan los sentimientos de descontrol. ¿Alguna vez has pasado por una situación así de frustrante? Quizás te encuentres atravesándola ahora mismo. Es por eso que este versículo resulta tan alentador. Al final, la responsabilidad de ganar esta batalla que estamos lidiando no nos pertenece a nosotros. No somos responsables de descifrarlo todo. *Nuestra función* es sencillamente obedecer a Dios en medio de lo que estamos enfrentando. *Los resultados* son obra de Dios. La obediencia nos coloca en el flujo del poder de Dios, trabajando con él y no en su contra.

¿Te sientes abrumada por problemas de dinero? Busca versículos sobre el dinero y comienza a aplicar la Palabra de Dios a tu cuenta bancaria y tus facturas. Puede que al principio los problemas no cambien, pero con el tiempo tu corazón cambiará. Dios honra al corazón que lo honra a él.

¿Tienes problemas matrimoniales? Busca verdades bíblicas dirigidas a los esposos y las esposas y comienza a aplicarlas. Decide ser la esposa que Dios te llama a ser. Entiendo que resulta difícil, pero también sé que él ha hecho maravillas para ayudarme a permanecer en el flujo del poder de Dios.

¿Estás lidiando con problemas en las amistades? Lo mismo. Escudriña las páginas de las Escrituras y afiánzate en las enseñanzas sobre las palabras y cómo las usamos unos con otros. Practica permanecer en el flujo del poder de Dios al mantener tus palabras alineadas con la verdad divina. Repito, no es fácil, pero sin dudas resulta transformador.

Aprendí una gran lección sobre permanecer en este flujo durante un campamento con la familia el verano pasado. Escondido en las montañas Adirondack de Nueva York, Camp-of-the-Woods es un excelente lugar para ir de vacaciones: muy buena predicación en la capilla cada mañana, no hay televisión, un lago cristalino, fogatas, pesca, golfito, tejo, y muchos más juegos de los que puedas imaginar. Además, se encuentra en un lugar bello con numerosos paisajes y senderos. Así que cuando unos amigos a quienes les encanta hacer ejercicios sugirieron que los acompañáramos en una excursión familiar moderada, pensamos que era una buena idea.

Bueno, resulta que su definición de *moderada* provenía de un diccionario completamente diferente al mío. En realidad, de un planeta diferente por completo, para ser totalmente honesta. Amiga mía, esto no tenía nada de *moderado*.

Me había imaginado una caminata por una pendiente ligeramente sinuosa, pero lo que en realidad experimentamos fue algo así como escalar un acantilado hecho solamente de piedras y raíces.

En serio.

Y estábamos a tal altitud que mis pulmones parecían estar cerrados y ser incapaces de contener algo más que una pizca de aire. Encantador. Y olvídate de conversar. Lo único que podía hacer era lanzar gemidos mientras respiraba entrecortadamente.

Subíamos y subíamos. Y cuando otro grupo de excursionistas nos pasó por el lado y nos gritó alegremente: «¡Están a mitad del camino!», quería rendirme. *¿A la mitad?* ¡¿Cómo era posible que solo estuviéramos a la mitad?! Me esforzaba. Me arrastraba. Me estiraba. Resoplaba y jadeaba. Y puede que hasta haya pasado unos minutos haciendo pucheros. Sin embargo, con el tiempo, llegamos a la cima. ¡Me incliné con las manos a los costados, preguntándome cómo una mujer que corre cuatro millas casi todos los días de su vida podía sentirse en tan malas condiciones!

Subir la montaña en contra de la fuerza de gravedad fue difícil. Difícil de verdad. No obstante, bajarla fue una experiencia completamente diferente. Anduve por entre las mismas piedras y raíces sin sentirme apenas estresada. Disfruté la jornada. Me fijé más en los bellos paisajes y tuve aire suficiente como para hablar todo el camino cuesta abajo.

Como a mitad del descenso, me di cuenta de cuánto se parecía mi experiencia en esta excursión a mi caminar cristiano. Comenzar en la cima de la montaña y trabajar *con* la fuerza de gravedad era mucho más fácil que comenzar al pie de la montaña y trabajar *en contra* de ella. Aunque tuve que recorrer justo el mismo sendero en ambas direcciones, seguir el flujo de la gravedad hizo la jornada mucho mejor.

Es como cuando enfrento un problema difícil en la vida. Actuar *en el flujo* del poder de Dios es mucho mejor que hacerlo *en contra del flujo* del poder de Dios. Buscar obedecer al Señor en medio de cualquier circunstancia que estoy enfrentando es lo que me coloca en posición para obrar en el flujo del poder divino. Todavía tengo que atravesar las realidades de mi situación, pero no lo haré con mi propia fuerza. Mi función es ser obediente a Dios, aplicar su Palabra y caminar según su dirección, no según las sugerencias del mundo. Quiero participar de su naturaleza divina en lugar de regodearme en mi propia mala actitud e inseguridades. Entonces no tendré que resoplar y jadear y hacer pucheros mientras trato de comprender todo por mi cuenta. Permanezco en el flujo. Dios, a su manera y en su tiempo, lo resuelve todo.

Eso fue lo que pasó con el rey Josafat. Estoy segura de que si él hubiera tratado de ganar esta batalla en base a su fuerza limitada y los números, ciertamente se hubiera rendido. El enemigo era mucho mayor que Judá. No había dudas. No obstante, en lugar de contarse a

Actuar en el flujo del poder de Dios es mucho mejor que hacerlo en su contra.

sí mismos, el rey y su ejército contaron con Dios y decidieron hacer justo lo que él les dijo, incluso cuando lo que Dios les ordenó parecía completamente descabellado.

Paso 4: Proclama gracias y alabanzas a Dios.
Después de consultar con el pueblo, Josafat designó a los que irían al frente del ejército para cantar al Señor y alabar el esplendor de su santidad con el cántico: «Den gracias al Señor; su gran amor perdura para siempre» (2 Crónicas 20.21).

No sé tú, pero si yo hubiera estado enfrentando una muerte segura a manos de una horda de merodeadores, mi primera línea de defensa no hubiera sido enviar al coro.

¡Ah, si tan solo practicara más el hábito de tener un corazón agradecido, lleno de alabanzas, en lugar de un corazón refunfuñón consumido por las circunstancias! Lo difícil es que no me siento muy agradecida en el momento en que los problemas comienzan a aguar mi fiesta. No tengo ganas de irrumpir en una canción de alabanza. Quisiera que fuera así, pero no lo es.

Así que, en medio de un momento de descontrol, ¿cómo paso de *tener una mala actitud* a *cantar con gratitud*? Necesito un guión de apoyo que redirija mi perspectiva a un lugar mejor. Y creo que lo tengo. Me digo en voz alta: «Si esto es lo peor que me sucede hoy, aun así es un buen día».

Mi amiga ha herido mis sentimientos. Si esto es lo peor que me sucede hoy, aun así es un buen día. Te alabo, Dios.

Mi esposo va a llegar tarde del trabajo y ahora tengo que quedarme con los niños y perderme la salida con mis amigas que tenía planificada. Si esto es lo peor que me sucede hoy, aun así es un buen día. Te alabo, Dios.

Mi líder de estudio bíblico acaba de pedirle a Stacey que la reemplace la próxima semana cuando yo le he dicho a menudo: «Me encantaría hacerlo alguna vez». Si esto es lo peor que me sucede hoy, aun así es un buen día. Te alabo, Dios.

No puedo alabar a Dios de manera auténtica por algo que sea malo o incorrecto, pero seguro puedo cambiar mi enfoque a todo lo que es correcto y alabarlo por eso. Y en la historia del rey Josafat, hacer este cambio —de ver lo que estaba mal a alabar a Dios por lo que estaba bien— obró un milagro.

Cuando el coro de alabanza de la línea de defensa de Judá llegó a los oídos del ejército enemigo se quedaron tan confundidos, que en lugar de pelear contra Judá empezaron a pelear entre ellos. Y «cuando los hombres de Judá llegaron a la torre del desierto para ver el gran ejército enemigo, no vieron sino los cadáveres que yacían en tierra. ¡Ninguno había escapado con vida!» (2 Crónicas 20.24). ¡Asombroso! Absolutamente asombroso.

¡Ah, cuán poderoso es cambiar de una mala actitud a agradecerle y alabar a nuestro Dios en medio de todo! Cuando lo hago, mis circunstancias quizás no cambien de inmediato, pero la manera en que las analizo sin dudas cambia. Dejo de estar ciega a todo lo que es bueno y veo muchas más razones para alabar a Dios. ¡Y cuando mi corazón está lleno de alabanza, mis emociones no parecen muy propensas a descontrolarse!

Paso 5: Entiende que las reacciones determinan el alcance.

Al oír las naciones de la tierra cómo el Señor había peleado contra los enemigos de Israel, el temor de Dios se apoderó de ellas. Por lo tanto, el reinado de Josafat disfrutó de tranquilidad, y Dios le dio paz por todas partes (2 Crónicas 20.29–30).

¿Cómo encontró Josafat la paz? ¿Por qué hubo tranquilidad por todas partes? Y sobre todo, ¿por qué el temor de Dios vino sobre todos los que escucharon acerca de su victoria? Porque en medio de todo ello, él honró a Dios con sus acciones y reacciones.

Recuerda, aunque estaba atemorizado, decidió buscar al Señor.

Josafat se sintió atemorizado, pero se mostró decidido. Mantuvo su enfoque en el Señor. Permaneció en el flujo del poder de Dios al ser obediente a su Palabra. Aunque no siempre fue fácil, pasó de tener una mala actitud a practicar la gratitud. Y su reacción afectó de manera positiva a todos los que lo rodeaban, no solo a la gente de su propio reino, sino también a los países vecinos. Este es el tipo de líder al que quiero seguir. Este es el tipo del líder que deseo ser. No se puede decir que esté liderando un reino, pero *estoy* influyendo a las personas a mi alrededor. Las interacciones que tengo con mis hijos, mi esposo, mis amigos, mis vecinos, mi iglesia, incluso con la cajera en la registradora del mercado, son importantes. Mi reacción testifica acerca del tipo de relación que tengo con Jesús y el efecto que él tiene en mi corazón. A fin de cuentas, en la Biblia se nos recuerda que de la abundancia del corazón habla la boca. Cuando las cosas no salgan bien, se evidenciará lo que en realidad hay en mi corazón. En esos momentos, añadiré a la autenticidad de mi amor por Jesús o, tristemente, lo negaré.

Sí, mis reacciones determinan mi alcance. Es por eso que cuando siento que se aproxima un momento de gran descontrol, deseo entrenar a mi mente para recordar cada paso, cada verdad, cada elección que hizo Josafat. Luego deseo entrenar a mi corazón para que tenga el valor de implementar cada una de estas cosas.

Así que aquí te presento la versión abreviada de mi manual de procedimiento bíblico predeterminado:

1. Atemorizada, decido recordar quién soy.
2. Jesús, Jesús, Jesús.
3. Debo mantenerme en el flujo: mi función es la obediencia; los resultados le pertenecen a Dios.
4. Pasar de una mala actitud a la gratitud.
5. Mis reacciones determinan mi alcance.

En lugar de evitar la realidad de que me descontrolo, la abordo de frente. Quiero darme cada oportunidad de hacer elecciones en medio de las emociones descontroladas. Y crear e implementar un plan predeterminado es algo bueno. ¿Te interesa acompañarme? Esto no quiere decir que tu plan será igual al mío. Siéntete libre de tomar esta idea y hacerla tuya. El mejor tipo de plan para ti es aquel que seguirás.

Y si alguna vez tenemos una conversación cara a cara, me encantará escuchar lo que se te ocurrió. Apuesto a que pasaremos un tiempo muy bueno intercambiando historias sobre nuestro progreso imperfecto. No puedo prometerte que si vienes a mi casa habrá un asiento en el inodoro, pero puedo asegurarte que si alguien nos invita a una excursión, primero tiene que enseñarnos fotos del lugar. ¿De acuerdo?

8

Mi vida tipo mantel individual para niños

M i meta al procesar las reacciones descontroladas es alejar la oscilación de mi péndulo emocional de los extremos de un descontrol terrible y mantenerlo balanceándose con suavidad en el centro. Encontrar ese punto intermedio entre explotar y ocultar puede ser difícil, pero Dios está obrando en mí. ¿Y en ti?

Sin dudas, identificar nuestras tendencias es un gran comienzo. Y desarrollar estrategias para profesar y atenuar las emociones sin ocultarlas o explotar, como hicimos en los capítulos anteriores, resulta crucial. Sin embargo, hay otra cosa más que debemos añadir antes de proseguir. Es la perspectiva.

La perspectiva provoca una amabilidad que al parecer no puedo encontrar de otra manera. Y últimamente este versículo bíblico me ha estado persiguiendo: «Que su amabilidad sea evidente a todos» (Filipenses 4.5). Me he encontrado este versículo en tantos lugares inesperados, que sé que es algo a lo que Dios quiere que le preste atención. ¿Por qué? Digamos que cuando el Señor estaba repartiendo el gen de la amabilidad en julio de 1969, al parecer yo estaba en otra fila esperando alguna otra cosa. Muchas personas que estaban siendo formadas en ese mismo tiempo sí recibieron el don de la amabilidad. Conozco a algunos que estoy segura de que hicieron la fila dos veces y recibieron una doble porción. ¿Yo? No tanto.

Sí, puedo tener momentos de amabilidad. Puedo llevar a cabo actos amables, pero la amabilidad no brota del centro de mi ser. Y esto se cumple sobre todo si estoy soñolienta o estresada. En verdad, creo que necesito una de esas señales de advertencia en la puerta de mi dormitorio para que la gente entre a su propio riesgo después de las ocho y media de la noche: «¡PELIGRO! Por favor, sepa que el Espíritu Santo ha dejado temporalmente el cuerpo de esta mujer para ir a ayudar a una hermana del otro lado del mundo que acaba de levantarse».

Sé que esa teología es terrible, pero estoy siendo honesta. Los pocos rasgos de amabilidad que tengo no se evidencian después de las ocho y media de la noche. En lo absoluto.

Y cuando estoy estresada sucede algo. Normalmente puedo mostrar un poco de amabilidad durante el día, pero si surge una situación estresante donde me caen encima demasiadas cosas y demasiado rápido... ¡misericordia! Me enfoco solo en las tareas y empiezo a hablarle con cadencia de *staccato* a mi gente, recalcando cada palabra, porque quiero que las cosas en la casa se hagan. ahora. mismo. no. en. diez. minutos. porque. ahora. significa. ¡ahora!

No quiero que mis hijos me recuerden de esta manera. Mamá staccato.

No quiero que sea así como me recuerde *a mí misma* en esta etapa de la vida.

Así que este versículo de Filipenses que ha estado tocando mi corazón y mi mente, acerca de que mi amabilidad sea conocida por todos, es algo que sé que necesito... incluso si me duele un poco.

Me he estado predicando a mí misma este sermón: que *tu* amabilidad sea evidente a todos. La palabra «tu» significa que sí tengo algo de amabilidad. Por mucho que me gustaría creer lo contrario, Dios no me pasó por alto en la distribución del gen de la amabilidad, y mi personalidad tipo pólvora no es la excepción divina. A pesar del estrés al que esté sujeta, puedo mostrar la amabilidad de Dios, ya que el Espíritu Santo está en mí. Tengo al Espíritu Santo cuando me siento alegre a las ocho y media de la mañana y también cuando me siento gruñona a las ocho y media de la noche. El Espíritu está en mí cuando me siento tranquila y cuando me siento estresada. ¡La amabilidad forma parte de mi persona!

Solo tengo que aprender a reclamar la amabilidad que me pertenece por derecho. Y puedo reclamarla al poner en práctica la palabra que aparece justo antes de: «Que su amabilidad sea evidente a todos» (Filipenses 4.5). Esa palabrita es *alégrense*: «Alégrense siempre en el Señor. Insisto: ¡Alégrense!» (Filipenses 4.4). Mientras más enfocado está mi corazón en la acción de gracias y la alegría, menos espacio tengo para el mal humor. ¿Mis hijos me están volviendo loca? Al menos son lo suficiente saludables como para tener esa energía. No te pierdas esa oportunidad de alegrarte.

¿La pila de ropa sucia llega al techo? Cada fragmento de tela es muestra de la vida en mi hogar. No te pierdas esa oportunidad de alegrarte.

¿Mi esposo no está muy feliz ni entusiasmado con la idea de ir juntos de compras? Mirando las cosas con un lente más amplio, ¿y qué? Él es un buen hombre. No te pierdas esa oportunidad de alegrarte.

Mientras más enfocado está mi corazón en la acción de gracias y la alegría, menos espacio tengo para el mal humor.

¿Me siento desorganizada y atrasada en todo? Reduce las tareas, líbrate de las expectativas poco realistas y disfruta algunos momentos felices hoy. No te pierdas esa oportunidad de alegrarte.

Mientras más me alegro, más mantengo las cosas en perspectiva. Mientras más mantengo las cosas en perspectiva, más amable me vuelvo.

Es por eso que tengo que buscar con toda intención oportunidades que aumenten la perspectiva. Cosas como servir en un comedor de beneficencia, llevarle regalos a una familia necesitada o ir a un viaje misionero. Si quiero que la amabilidad dentro de mí se desate, tengo que romper con mi rutina cotidiana. Tengo que ir al lugar donde me espera la perspectiva.

Una reevaluación de mi vida tipo mantel individual para niños

Cuando mis hijas eran pequeñas, tenía una relación de amor y odio con esos manteles individuales que utilizan algunos restaurantes de

comida rápida para entretener a los niños. Me encantaba que los mantelitos tuvieran dibujos atractivos que llamaban la atención y vinieran
con crayones de cortesía. Sin embargo, era seguro que uno de ellos
dibujaría en el tapete de otro, de modo que los gritos y chillidos hacían
que todas las cabezas en el restaurante giraran en nuestra dirección.

Entonces me quedaba sentada sin poder creer que mis hijos hubieran causado tal lío por unos mantelitos individuales coloreados.
Manteles que pronto quedarían cubiertos de salsa de tomate y jugo, y
luego los echarían a la basura. Cosas pasajeras. Cosas insignificantes.
Sabía que mis hijos ni siquiera se acordarían al otro día de los manteles, mucho menos dentro de un mes. Sin embargo, por ese día, en ese
momento, los mantelitos hacían que perdieran el control.

Y yo soy igual. Si considero con cuidado algunas de las cosas que
me descontrolan, de veras tengo que sacudir la cabeza con increduli-
dad. No para avergonzarme, sino para despertarme y comprender que
hay cosas reales que ameritan mi energía mental. ¿Es esta situación
que estoy enfrentando hoy una de esas cosas?

Hace poco pensé en esos manteles individuales... y en el momento
más extraño. Me encontraba en Los Ángeles con algunas amigas sir-
viendo como voluntaria en Dream Center. El pastor Matthew Barnett
y su iglesia dirigen este lugar maravilloso, que es el centro ministerial
de ciento veinte programas que prestan servicio a más de cuarenta
mil personas todos los meses. Emplazada en el edificio de un antiguo hospital, la instalación de setecientas camas incluye un refugio
de transición para familias sin hogar, un centro de rehabilitación para
drogadictos, y un refugio para víctimas del tráfico sexual. El centro
también ofrece programas para el desarrollo educativo que capacitan
a los participantes con habilidades de trabajo y ofrece consejería para
familias y personas sin hogar.

Decidimos renunciar a quedarnos en un hotel para así poder vivir
en el refugio durante los cinco días que pasaríamos allí como volun-
tarias. Yo sabía que la perspectiva me aguardaba en el Dream Center.
Y así fue.

En nuestro primer día servimos comida en el comedor que está en
Skid Row, uno de los ministerios de alcance del Dream Center. Vi a
muchas personas con situaciones tan desesperadas que me resultaba

difícil analizarlo todo. Había prostitutas, proxenetas, gente drogada con quién sabe qué, montones de basura usados como camas y tiendas de campaña improvisadas en la acera.

Observé una transacción con crack a unos pasos de nosotros, dos personas actuaban al descubierto, sin intenciones de esconder lo que estaban haciendo. Y nos encontrábamos literalmente al doblar de una estación de policías. Drogas. Ofertas. Falta de vivienda. Suciedad. Oscuridad. Ahí estábamos. Y había algo que no podía entender: *¿por qué se quedan?*

El Dream Center envía recursos a este rincón oscuro de la ciudad de Los Ángeles varias veces por semana. Ofrecen comida, pero también una cosa quizás más importante todavía que el sostén físico: ofrecen esperanza. Esperanza de algo más, algo nuevo, una oportunidad de una vida diferente.

Sin embargo, muy pocos abandonan Skid Row.

Las zonas de comodidad son así. Recuerda, las zonas de comodidad no tienen que ser cómodas, solo conocidas. Son lugares a los que uno siente que pertenece. Y donde uno llega a creer que pertenece, allí se queda.

Percibí esta triste negativa a romper con la vida de Skid Row en una mujer que conocí ese día, se llamaba Janice. Ella escuchó nuestras promesas de que las personas del Dream Center podían ayudarla a desintoxicarse, darle un lugar seguro para quedarse y apoyarla mientras organizaba su vida. Y pensé que en realidad nos creía.

Ayudamos a Janice a entrar al vehículo de rescate, nos marchamos de Skid Row, la inscribimos en el piso de rehabilitación del Dream Center, y nos fuimos aliviadas y llenas de esperanza con respecto a ella. Estábamos muy contentas de que estuviera dispuesta a recibir ayuda.

Al día siguiente nos encontrábamos trabajando en un lugar diferente de Los Ángeles cuando una mujer se nos acercó a mi amiga Amanda y a mí para pedirnos dinero. Me pareció que la mujer me resultaba conocida, pero le tomó unos minutos a mi cerebro descubrir de dónde la conocía. Entonces me di cuenta, era Janice, la mujer que conocí en Skid Row. ¿Por qué estaba aquí? No se suponía que se encontrara en ese lugar. Se suponía que estuviera en el programa del centro de rehabilitación para drogadictos en el Dream Center, donde la habíamos dejado el día antes. Sin embargo, se había marchado menos de veinticuatro horas después. Lejos de la ayuda. Lejos de la esperanza. Lejos de la restauración. Y ahí estaba, pidiendo dinero para comprar el pasaje del autobús y regresar a Skid Row. En una ciudad de casi cuatro millones de personas, de algún modo nuestros caminos se cruzaron otra vez. ¿Cuáles son las probabilidades de que esto ocurra? Sin dudas era una señal de cuánto Dios la quería.

«Oh, Janice, ¿por qué te fuiste del Dream Center?», le pregunté. «¿Puedo llevarte de vuelta? Puedo llamar para que un ómnibus del Dream Center venga a buscarte ahora mismo. Por favor, por favor, regresemos».

No obstante, Janice solo meneó la cabeza y susurró: «Tengo que regresar a la calle, porque allí sé dónde poner mis colchas. No sé dónde poner mis colchas en ningún otro lugar».

«¿Regresar a Skid Row?», le pregunté con lágrimas en los ojos. Ella asintió. Y supe que no nos dejaría llevarla de regreso al Dream Center. No ese día. Tal vez nunca. Por mucho que mi corazón quería forzar este rescate, supe que no podía quitarle a Janice una de las únicas cosas que tenía: su elección. Ella tenía que desear ir con nosotros. Y no era eso lo que quería.

Le pregunté si podíamos orar por ella. Estuvo de acuerdo. Hicimos un círculo y oramos, luego la vimos alejarse y acercarse a otra persona para pedirle dinero. Y luego a otra. Era rechazada la mayor parte del tiempo, pero se alejaba caminando, lejos, lejos, lejos.

Hay ocasiones en las que no soy más madura que mis hijos discutiendo por manteles individuales desechables.

Fue ese el momento extraño que pensé en esos tontos manteles individuales, aquellos por los que los niños peleaban. Y mi ira ardió. No contra mis hijos, sino conmigo misma y todas las cosas tontas que pueden hacerme perder el control. Hay ocasiones en las que no soy más madura que mis hijos discutiendo por manteles individuales desechables. ¿Cómo me atrevo a enojarme por cosas tan irrelevantes. Dios, perdóname.

Sí, hay cosas que *deben* enojarme. Como que Janice no supiera en toda su vida que podía poner sus colchas en un lugar seguro. Y ahora el lugar al que regresa una y otra vez es Skid Row. Al «Heroin Alley» [Callejón de la heroína] en Skid Row, para ser exacta. Donde los proxenetas venden a las mujeres para hacer cosas abominables en las tiendas de campaña improvisadas en las calles. Y donde los niños juegan con agujas sucias y los adolescentes se desmayan con agujas en los dedos de los pies porque las venas de sus brazos y piernas han sido demasiado abusadas como para inyectarse las drogas.

Existen cosas razonables por las que estar enojada hoy, pero no los pequeños inconvenientes y las cosas pequeñas que me contrarían. Dios, ayúdanos a mí y a mi vida tipo mantel individual para niños.

Sí, la perspectiva estaba en el Dream Center. Fui allí como una mujer involucrada en el ministerio. Fui a ayudar a satisfacer necesidades, pero rápidamente comprendí que me encontraba en ese lugar como una mujer en necesidad. Una mujer que necesitaba que la realidad de Dios lloviera fresca y fuerte, cercana y real, y muy directamente sobre ella como para negarla. Porque a veces me sorprendo hablando tanto sobre Dios, que él se convierte más en un *marcador de identidad* que un *transformador de identidad* en mi vida.

Tener a Dios como un marcador de identidad le reduce a nada más que una etiqueta, un vocabulario, un estilo de vida: soy cristiana, así que hablo y actúo como tal. Sin embargo, tener a Dios como transformador de identidad implica mucho, mucho más. Significa que ya no soy la persona que era antes, alguien que se descontrola por cosas sin importancia. Estoy progresando de manera imperfecta. Estoy cambiando, liberándome y siendo cincelada. Soy una mujer cuya identidad está siendo transformada al estar cara a cara con aquel que tiene el poder para cambiarme por completo.

Vi el poder de Dios para transformar identidades entretejido en muchas vidas en el Dream Center. Lo vi. Oh, Dios, cómo lo vi. Y lo quería.

El poder de Dios para cambiar la identidad es lo que transformó al pandillero con ocho cicatrices de bala en la cara en un siervo que ama a Jesús. Muy amable.

Es lo que cambió a la prostituta en consejera de otras chicas rescatadas de la vida en las calles. Muy virtuosa.

Es lo que cambió al drogadicto en un padre amoroso que enseña a su hijo a ser un líder piadoso. Muy lleno de integridad.

¿Qué es lo que me detenía?

En serio.

¿Qué me impedía comprender que el poder de Dios podía cambiarme a mí también?

Necesitaba saber y casi estaba desesperada por comprenderlo.

Así que le pregunté al pastor Matthew: «¿No te da miedo a veces? ¿No te da miedo depender del poder de Dios? Diriges una institución donde necesitas recaudar medio millón de dólares al mes... ¡al *mes*! ¿Caminas todo el tiempo con ese peso sobre ti?».

Su respuesta partió mi corazón a la mitad.

«No. Cuando experimentas a Dios como yo lo he estado experimentando durante diecisiete años, dejas de tener miedo. He visto demasiados milagros», me dijo él.

¡Oh! Lágrimas. La mujer que solo deja que las lágrimas ardan en sus ojos y apenas se asomen antes de contenerlas experimentó una grieta en el dique de su alma y quedó inundada de lágrimas.

Mi. Dios. Eso. Es.

He dejado de colocar mi vida en un punto donde pueda ver milagros.

Con respecto a mis luchas con el descontrol, en algún momento del camino dejé de esperar que Dios obrara milagrosamente en mí. Y comprendí que este es otro beneficio de buscar oportunidades que aumenten nuestra perspectiva. Es en tales situaciones, cuando el poder de Dios resulta evidente, que comienzo a creer que puedo experimentar ese poder en mi propia vida. Tal vez, solo tal vez, yo también pueda cambiar.

En algún momento del camino dejé de esperar que Dios obrara milagrosamente en mí.

Y quizás no soy tan diferente de Janice. ¿Te acuerdas de la pregunta: «¿Por qué se quedan?», con la cual batallaba aquel primer día en el Dream Center?

Las zonas de comodidad son así. Recuerda, las zonas de comodidad no tienen que ser cómodas, solo conocidas. Son lugares a los que uno siente que pertenece. Y donde creemos que pertenecemos, ahí nos quedaremos. Durante mucho tiempo he creído una mentira al igual que Janice. He llegado a creer que pertenezco a un estado de descontrol. He ocultado muchas emociones fuertes. He dejado escapar muchas emociones fuertes también. Y he creído muchas mentiras que de que siempre seré así. Sin embargo, no tengo que ser de esa manera. Y justo en medio de un refugio para gente sin hogar, mi alma despertó a la viva realidad de que podía ser diferente. Realmente podía tener reacciones diferentes antes mis emociones fuertes. Sabía que mi progreso sería imperfecto, pero a pesar de ello podía ser milagroso. Y sentí que la brisa de una nueva esperanza soplaba en mí.

Puedo ser amable. Puedo ser paciente. Puedo ser apacible. No soy amable por naturaleza, pero puedo serlo por obediencia. No soy paciente por naturaleza, pero puedo serlo por obediencia. No soy apacible por naturaleza, pero puedo serlo por obediencia. Puedo. Y lo seré. Puedo ser la mujer descontrolada que se transformó en amable, paciente y apacible. Dios, ayúdame. Dios, perdóname.

En el Dream Center recibí una dosis enorme y saludable de perspectiva. Y resultó bueno, porque fue puesta a prueba rápidamente cuando regresé a casa y descubrí que me habían robado.

Desaparecidos

No tengo muchas joyas buenas. Por lo general solo uso mi anillo de bodas y otro anillo que Art me regaló en nuestro decimoquinto aniversario. Aparte de esos dos anillos, solo tengo unas pocas cosas sencillas que me han regalado a lo largo de los años. Pequeños tesoros que no valen mucho dinero, pero que son especiales porque encierran muchos recuerdos.

Un anillo de niña que mi padrastro me regaló el día que le pidió a mi mamá que se casara con él.

Un anillo que recibí cuando me gradué de la universidad.

Un pulso que mi mamá me regaló en Navidad hace varios años. Y otro pulso que Art me regaló este año el Día de los Enamorados.

Un anillo heredado que me obsequiaron el día en que nació mi primera hija.

El broche de la hermandad de mujeres de mi universidad.

Un anillo grabado con las iniciales borrosas de mi papá, que se marchó y nunca regresó.

Cosas sencillas, pero especiales.

La mañana después de regresar del Dream Center, me di cuenta de que el pulso que Art me había regalado el Día de los Enamorados no estaba donde creía que lo había dejado. Pasé varios días buscándolo y pensando dónde lo habría puesto. Convencida de que sencillamente lo había colocado en otro lugar y pronto lo encontraría, no estuve demasiado preocupada.

Cuando tres días después todavía no lo había encontrado, se me ocurrió que quizás lo había puesto en la gaveta donde guardo mis otras joyas. Abría la gaveta y mi corazón se encogió. No había nada. Los anillos. Los pulsos. El broche. La única posesión de este mundo que me conectaba con mi padre biológico.

Mi primera reacción fue tocarme los dos dedos donde uso los anillos. Respiré aliviada, porque llevaba mi anillo de bodas y el del aniversario. Estaban a salvo, pero todo lo demás había desaparecido.

Me senté en una pequeña banqueta en el baño y obligué a mi mente cansada a hacer una lista mental de las razones por las cuales estar agradecida. Está bien, seamos honestas, quería descontrolarme por completo y entrar en un modo agresivo para tratar de entender. No obstante, sabía que necesitaba encontrar una perspectiva tipo Dream Center en ese momento. Y sabía que lo único que podía cambiar mi actitud era hacer una lista de agradecimiento.

Créeme, muchas otras listas suplicaban ocupar un espacio en mi mente. Una lista de sospechosos. Una lista de recuerdos y de cuán irremplazable era cada uno de esos objetos. Una lista de qué pudiera haber sucedido y cómo. Una lista de cualquier otra cosa que pudiera haber desaparecido.

Sin embargo, a veces negarnos a perder el control es la única manera de demostrarnos que es posible tener un tipo de reacción diferente.

Sin embargo, a veces negarnos a perder el control es la única manera de demostrarnos que es posible tener un tipo de reacción diferente. Una reacción donde recuerdo que el poder de Dios está en mí; por lo tanto, tal poder está a mi disposición. Solo tengo que colocar a mi corazón en la posición correcta para aprovecharlo. Y la mejor manera de disponer mi corazón para aprovechar el poder de Dios es la gratitud. La gratitud elimina la mala actitud. Así que por fuerza de voluntad hice a un lado esas otras listas. A fin de cuentas, ya me habían quitado bastante en ese momento. No necesitaba entregar además mi corazón. Así que comencé mi lista...

Doy gracias por mis hijos que están aquí y no se los llevaron.

Doy gracias por mi esposo que esta noche me dejará meter mis pies fríos debajo de sus piernas.

Doy gracias por el sol de hoy que resplandece y la luna cuya luz danzará esta noche en las sombras.

Doy gracias por las miles de veces que respiro cada día y nunca tengo que pensarlo.

Doy gracias por los recuerdos que brillan y se encienden con tan solo ordenarlo.

Doy gracias por poder acceder todavía a esos recuerdos.

Y así seguí, hasta que pude levantarme de la banqueta, cerrar con calma la gaveta y pedirle a Dios solo una cosa. Bueno, dos cosas...

Primero, Señor, rodea con tu esperanza a la persona que se llevó estas cosas ahora mismo y muéstrale otro camino. Debe estar pasando por algo muy malo. Acércate a ella. Y segundo, si es posible, ¿pudiera devolver esa única cosa? Señor, tú sabes cuál es. Si es posible... y si no... gracias una y mil veces, porque incluso en medio de las cosas robadas he recibido un gran regalo, recordar todo lo que todavía tengo.

La perspectiva. Sí que cambia todo.

Las oportunidades que aumentan la perspectiva, como vivir en el Dream Center, son buenas para mi corazón. Son buenas para mi alma. Tal vez no puedas viajar al Dream Center o vivir durante una semana en el refugio para gente sin hogar de tu comunidad. No hay problema. A tu alrededor existen otras oportunidades que aumentan la perspectiva. ¿Qué tal si te involucras en un hogar para ancianos local, en la sala de cáncer del hospital infantil, en un comedor de beneficencia o en una escuela de un barrio menos privilegiado? ¿Por qué no servir como voluntaria en la escuela primaria de tu comunidad, donde abundan los niños que necesitan ayuda con la lectura? ¿Y qué hay de los programas de alcance de tu iglesia?

No importa tanto el lugar al que vayas como la necesidad de ver y conocer. Cuando nos ponemos en situaciones donde las cosas parecen imposibles, vemos la mano de Dios en acción. Cuando solo podemos atribuir lo bueno al poder de Dios, lo vemos bajo una nueva luz y creemos de una manera fresca en su poder.

A pesar de las demandas de un presupuesto abrumador y una tarea abrumadora, el pastor Matthew Barnett y su equipo no tienen otra respuesta para la manera en que las cosas van a resultar excepto la absoluta certeza de que el poder de Dios va a intervenir. Cuando las finanzas humanas, las estrategias y los programas se quedan cortos, el poder de Dios llena el vacío. Cuando el desánimo parece estar muy cerca, el poder de Dios se acerca más. Cuando la gente se va del programa y el equipo del Dream Center comienza a preguntarse si es posible que alguna de las personas a quienes sirven cambie, el poder de Dios obra un milagro en otra vida con muy pocas probabilidades de cambiar.

Cuando el desánimo parece estar muy cerca, el poder de Dios se acerca más.

Ellos ven a Dios. Y cuando estuve allí, yo también lo vi.

El regalo que recibí fue la perspectiva de cuán bendecida soy y cómo mis problemas en realidad parecen nada en comparación. Sin embargo, también experimenté una obra fresca del poder de Dios. Este es real. Es real para la gente del Dream Center. Es real para la gente de Skid Row. Y es real también para la mujer descontrolada y su vida tipo mantel individual para niños.

La mujer vacía

A veces mis sentimientos descontrolados llegan en un rugido de conversaciones hirientes y emociones fugitivas. En otras ocasiones el gran descontrol surge cuando mis pensamientos se enredan al pensar en lo que ella tiene y yo no. Y la *ella* de la que hablo puede ser cualquiera: una amiga, una vecina o una foto de una revista. Me paro frente al espejo y solo veo lo que falta. Lo que no soy. Lo que no tengo. Lo que no puedo hacer.

Entonces pienso en ella. Quién es. Lo que tiene. Lo que puede hacer. Y todo eso me desgarra como un arado cuando abre un surco en la tierra para sembrar las semillas. Las Escrituras advierten sobre adónde lleva esta manera de pensar: «Siempre se cosecha lo que se siembra. Los que viven sólo para satisfacer los deseos de su propia naturaleza pecaminosa cosecharán, de esa naturaleza, destrucción y muerte; pero los que viven para agradar al Espíritu, del Espíritu, cosecharán vida eterna» (Gálatas 6.7–8, NTV).

Lo sé. Y no obstante, siembro semillas de comparación en los surcos de mi alma, semillas que hacen crecer una planta llamada codicia, cuyas ramas largas y espinosas de celos ahogan el gozo en mí. Sí, eso sucede, y luego no puedo hacer más que pararme frente al espejo y darle permiso a mi cerebro para que se dirija allí. A ese lugar de enredo. El lugar donde los pensamientos de comparación se sientan y esperan ser abrazados.

Y mientras más comparo, más vacía me vuelvo. Muy vacía. Y las mujeres vacías... ¡cómo nos descontrolamos! Sobre todo cuando el vacío se acomoda en la parte de nuestra alma donde los deseos insatisfechos aguardan con impaciencia. Y en ese rincón oscuro, la desesperación se agita por lo que pudiera ser pero no es, y lo que queremos pero no tenemos todavía.

¿Qué anhelamos? Un compañero atento y romántico. Una amiga verdadera y de confianza. Un hijo. Luego un hijo que nos haga quedar bien. Un padre o una madre atentos. Cierto talento. Oportunidades, cosas, sentimientos, reconocimiento, la talla de nuestro cuerpo, libertad financiera, una casa linda... y la lista crece.

Mientras más comparo, más vacía me vuelvo.

Queremos «eso» y la profunda satisfacción que se encuentra al obtener «eso». Y cuando otros a nuestro alrededor lo tienen, fingimos que nos alegramos. Hacemos que la niña buena en nosotros actúe feliz. Tal vez una parte de nosotros es sincera. Tal vez no. Sin embargo, en el silencio del baño el tormento se convierte en un arado que corta. Y cómo cava y corta y saca a la luz lo que hay en nuestro interior.

La palabra con «C»

No lucho con los celos muy a menudo, pero cuando se cuelan en mi corazón, es un sentimiento terrible. ¿Estás de acuerdo? Las investigaciones muestran que parece haber ciertas condiciones desastrosas que parecen combinarse cuando se producen los celos. Según un estudio de la universidad de Yale, los celos por comparación social tienen lugar cuando están presentes estas tres condiciones: (1) una persona recibe opiniones personales negativas (2) en un aspecto de la vida que es importante para ellos, y (3) creen que otra persona está desempeñándose exitosamente en ese mismo aspecto. En el estudio, aquellos que experimentaron celos por comparación social desacreditaban a la otra persona y experimentaron sentimientos de depresión y ansiedad.[1]

He lidiado con muchos «esos» en mi vida. Y en cada uno de ellos esas tres condiciones estuvieron presentes. Sentí el dolor del rechazo o de una opinión negativa en un aspecto que era importante para mí y vi como otras personas parecían ser bendecidas sin ningún esfuerzo en ese mismo aspecto.

El «eso» llamado papá: si tan solo él se hubiera quedado. No me sentía querida.

El «eso» llamado novio: si tan solo tuviera con quién ir al baile. Me sentía fea.

El «eso» llamado amiga: si pudiéramos ser amigas. Me sentía excluida.

El «eso» llamado cómo manejar la vida: si pudiera hacerlo todo bien. Me sentía incapaz.

El «eso» llamado niños que se porten mejor: si pudiera ser mejor mamá. Me sentía incompetente.

El «eso» llamado oportunidad: si tan solo un editor me diera la oportunidad. Me sentía ignorada.

No querida. Fea. Excluida. Incapaz. Incompetente. Ignorada. Ahora hay un atractivo conjunto de problemas que puedo cargar conmigo en mi cartera de imitación de piel comprada en especial en una tienda de descuentos.

Entonces permito que estas comparaciones y la ansiedad que crean afecten de manera negativa mis relaciones, mi estado de ánimo y mi confianza para perseguir mis sueños. La fea verdad es que la comparación se roba la celebración. Y una vida sin celebración es una vida vacía. Dejamos de celebrar nuestro bien y nos resulta difícil celebrar el bien de otros.

Lo cual fue justo lo que hice hace trece años cuando mi cartera de imitación de piel cargada de problemas y yo nos fuimos a una conferencia para escritores.

En mi mente había preparado el guión de cómo resultaría todo para mí allí. De seguro algún editor vería algo en mis escritos que valiera la pena como para darme una oportunidad, de modo que en esta ocasión las cosas serían diferentes. Esta vez me iría sintiéndome querida, bella, incluida, capaz y percibida.

Hice planes a fin de encontrarme con mi amiga Laura para cenar después de la conferencia y estaba ansiosa por poder compartir con ella alguna buena noticia. Seguro que tendría alguna después de todas mis reuniones aquel día. Sin embargo, el guión real no estuvo acorde con mis deseos. Y cuando le hice señas a Laura para que se acercara a la mesa donde la estaba aguardando, me sentía en carne viva debido a mi vulnerabilidad. Laura se dejó caer en su silla y dijo hola con tal entusiasmo que sentí deseos de vomitar. Y en ese momento detesté que hubiéramos hecho planes para cenar esa noche. Todavía más, odiaba mi deseo de querer vomitar. ¿Qué tan terrible soy?

Escondí muy bien los deseos de vomitar y regañé al sentimiento con un rápido *debería darte vergüenza*. Sonreí. Me preparé y me recordé a mí misma que quería a Laura y debía estar en verdad feliz por ella. Laura era una escritora talentosa. Tenía el don de unir palabras inesperadas de una manera que cautivaba y conmovía al lector. No me sorprendía que sus reuniones con los editores hubieran resultado tan bien.

«¡Tres!», dijo chillando. «Tres editores pidieron llevarse mi propuesta. ¿Puedes creerlo? Dijeron que tenían una corazonada *realmente* buena en cuanto a mis probabilidades con su junta editorial».

La junta editorial. El lugar donde los sueños de un escritor se convierten en realidad o se estrellan y se queman. Ah, el poder de un sencillo sí o no. Para un escritor, la diferencia entre esas dos palabras puede hacer que un alma vuele a la luna o se hunda en las profundidades de lo más profundo.

Ella estaba volando. Yo me estaba hundiendo. Mis citas con los editores fueron rápidas, bruscas y carentes de cualquier señal de esperanza brillante. En lo absoluto. Así que me fui al baño del restaurante y contemplé en el espejo a una mujer abierta de un tajo que se ahogaba en las comparaciones y sentía el peso de estar vacía.

Nos quedamos vacías cuando detenemos nuestra mente en los pensamientos de comparación y nos regodeamos en ellos. Nada bueno sale de ahí, como dice Santiago 1.15: «Luego, cuando el deseo ha concebido, engendra el pecado; y el pecado, una vez que ha sido consumado, da a luz la muerte». Un pensamiento celoso jamás produce vida. Regodearnos en los pensamientos de celo en realidad lleva a la muerte. La muerte del contentamiento. La muerte de las amistades. La muerte de la paz. Y sin dudas la muerte del gozo.

Los celos y la envidia cortan cada vez más hondo y hacen que nos desangremos hasta quedar vacías. Perdemos la perspectiva de lo que sí tenemos y pronto nos enfocamos solo en lo que no tenemos. Es en este punto que nos sentamos y decimos: «Está bien. Todo eso lo entiendo. Conozco esta verdad. Sé que los celos no son buenos. No es que los disfrute ni pida *Un pensamiento* que me persigan, ni que tan siquiera los quiera *celoso jamás* en mi vida. Sin embargo, ahí están. Entonces, *produce vida.* ¿qué puede hacer una? Tener a alguien que simplemente me diga que *no me ponga celosa* no me ayuda. Que alguien señale una falta sin ofrecer una solución solo me hace sentir todavía más descontrolada».

Amén. Y la mejor solución que conozco —la única solución que conozco— es la verdad pura de la Palabra de Dios.

Los versículos de Gálatas sobre cosechar lo que se siembra son parte de un pasaje más largo que ofrece enseñanzas reveladoras. Este incluye un plan de acción de dos pasos para cuando estamos luchando con los celos: necesitamos cargar con nuestra responsabilidad (Gálatas 6.4–5) y luego dar amor a otros (Gálatas 6.9–10).

Carga con tu responsabilidad

El primer paso para lidiar con los pensamientos celosos es enfocarnos en nuestras propias responsabilidades y acciones, ya que en este enfoque encontramos razones para celebrar lo que se nos ha dado y lo que estamos haciendo bien.

> Cada cual examine su propia conducta; y si tiene algo de qué presumir, que no se compare con nadie. Que cada uno cargue con su propia responsabilidad (Gálatas 6.4-5).

En mi libro *Más que apariencias* compartí una verdad con la me desafío cuando los celos tocan a mi puerta: «No estoy preparada para manejar lo que ellos tienen, tanto lo bueno como lo malo». Es decir, a mí se me ha dado una carga que puedo manejar. Lo bueno y lo malo de mi carga es lo que debo llevar. No estoy diseñada ni se me ha asignado llevar la carga de otra persona.

Considera estos versículos de Gálatas en la versión en inglés *The Message*:

> Analiza con cuidado quién eres y la tarea que se te ha encomendado, y luego dedícate a ella. No te sientas impresionado contigo mismo. No te compares con otros. Cada uno de ustedes debe asumir la responsabilidad de ser lo más creativo que pueda con su propia vida (traducción libre).

Me gusta la idea de ser lo más creativa que pueda con mi propia vida. Cuando deseo la vida de otra persona, gasto la energía de la vida limitada que tengo para enfrentar mis propios desafíos y oportunidades. Dios tiene un plan hermoso para mí, algo creativo que puedo lograr con mi vida.

¿Acaso no es típico de Satanás querer distraerme de eso? Satanás es un mentiroso que roba, mata y destruye. Él quiere robarse mi atención, matar mi gozo y destruir lo mejor de mí al hacerme querer lo que Dios le ha confiado a otra persona. Es decir, el hecho de que yo sería más feliz y estaría más satisfecha con la carga de otra persona es una mentira directa de Satanás. No es así. Pudiera parecer que es cierto, pero los sentimientos son cosas tramposas.¿Te acuerdas de la cena con mi amiga Laura? Bueno, ella consiguió un contrato para un libro. Y las cosas le salieron bien.

Yo no obtuve un contrato, lo cual me obligó a pasar unos años más aprendiendo el arte de escribir y llevando a mi joven familia a un punto donde pudieran manejar las exigencias de una mamá bajo la presión de un contrato para publicar un libro. Si hubiera obtenido un contrato al mismo tiempo que Laura, habría resultado desastroso para mí en muchos niveles. Sobre todo hubiera sido terrible para mí como escritora.

Hace poco releí parte de aquella primera propuesta para escribir un libro. Entonces me senté y le di gracias a Dios desde lo más profundo de mi corazón porque aquellas palabras nunca se publicaron a fin de que el mundo las leyera. No estaba lista. Ahora lo veo. Y le doy gracias a Dios por su protección.

Existen muchas esferas de mi vida a las que puedo mirar ahora en retrospectiva y darle gracias a Dios por la protección. Los chicos que nunca me invitaron a salir. La tendencia de mi hija a tener una voluntad fuerte que con el tiempo se convirtió en una tenacidad apasionada por las misiones. La oportunidad que nunca obtuve y me mantiene humilde. Todas las cosas que tengo y no tengo componen la responsabilidad peculiar que se me ha asignado.

Al final, es por eso que Dios nos pide que nos concentremos en cargar con nuestra propia responsabilidad y evitemos compararnos y anhelar la responsabilidad de otra persona. Lo hace para protegernos. Ahora lo veo. Esto la da a mi cerebro un mejor lugar al que acudir cuando esos pensamientos de «quiero lo que ella tiene» comienzan a ahogar en mí la alegría. Y en lugar de sentirme vacía, tengo un sentimiento de posibilidad. Dejo caer semillas de mi propio diseño creativo y veo cómo las ramas largas del propósito comienzan a formarse.

Llévales amor a otros

Aunque freno los pensamientos celosos al enfocarme en mi propia responsabilidad, no me detengo allí. El próximo paso para lidiar con las comparaciones es buscar de manera activa el bien de los demás. Encontramos esta enseñanza en Gálatas 6.9–10:

> No nos cansemos de hacer el bien, porque a su debido tiempo cosecharemos si no nos damos por vencidos. Por lo tanto, siempre que tengamos la oportunidad, hagamos bien a todos, y en especial a los de la familia de la fe.

Mi amiga Sara me mostró uno de los ejemplos más bellos que he experimentado en cuanto a llevarles amor a otros. Si alguien pudiera haber escogido el camino de ser una mujer vacía y celosa, podría haber sido ella. Sin embargo, Sara escogió un camino diferente. Y aunque una enfermedad terminal amenazaba con vaciarla hasta dejarla seca, esta joven se mantuvo llena al punto de desbordarse. Ella cargó con su propia responsabilidad. Y también les llevó amor a otros.

No hace mucho le mandé a Sara un mensaje de texto. Fue difícil escribirlo, porque cuando apreté «enviar» supe que sería el último mensaje que le enviaría. Susurré adiós. Y con eso, las palabras marcharon adonde yo no podía ir. Por medio de un correo electrónico de ese mismo día de alguien cercano a ella, supe que Sara pronto estaría con Jesús.

«Preciosa Sara... oh, amiga, siempre serás para mí una imagen de gracia espléndida. Nunca podré ver la palabra *gracia* y no pensar en ti. Quisiera tanto poder tener un atisbo de cuán gloriosa te verás pronto sujetando la mano de Jesús. Completa. Saludable. Feliz. Sin embargo, te extrañaremos mucho».

Sara entretejió su amor, ánimo y gracia a través del mundo del blog. Así fue como la conocí. Comencé a ver que en mi blog aparecían muchos comentarios de «Gitz» y pensé que era un apodo simpático. Sus comentarios siempre me hacían sonreír. Entonces acudí a su blog y su historia me hizo llorar.

Sara llevaba mucho tiempo enferma. Ella contaba su historia de esta manera:

> He vivido en este condominio desde que tenía veintinueve años. No he salido de aquí, ni siquiera he abierto una ventana en años. Es donde estoy y donde siempre estaré, no obstante, cuando alguien dice la palabra «hogar», no pienso en este lugar. No pienso en ningún lugar en realidad. Pienso en alguien. Porque mi hogar está en los corazones de las personas.[2]

Aunque Sara vivía con dolor y aislamiento, se tomaba el tiempo de escribir notas alentadoras asombrosas. Para mí. Para muchos otros en el mundo del blog. Eso es gracia, gracia espléndida.

Gracia... una belleza natural... un favor prestado por alguien que no necesita hacerlo. Ella, la que tenía tanta necesidad, se convirtió en la que dio y dio.

Uno de sus correos para mí decía: «Me encanta cómo expones una idea realmente muy buena y al mismo tiempo me haces reír como una tonta». Yo sabía que cada letra que ella escribía le costaba trabajo, mucho trabajo. Nunca usaba mayúsculas, pero siempre escribía ideas completas. Ideas alentadoras. Ideas que extrañaré.

Unas semanas antes de que Sara empeorara, fui a un retiro con mis amigas del blog *(in)courage*. Somos solo un grupo de amigas que se relacionan al escribir blogs en este sitio maravilloso ofrecido por DaySpring. Sara era una parte importante de este grupo, pero como no podía salir de su apartamento, no pudo acompañarnos. Al menos no en persona, aunque decidimos que podría hacerlo mediante Skype.

Nos apiñamos todas en círculo frente a una computadora portátil y por turno miramos a la pantalla e intercambiamos lo que supusimos podrían ser las últimas y preciosas palabras. Las últimas risas. Las últimas miradas. Y cuando me tocó mostrarle amor, en vez de eso ella se pasó todo el tiempo mostrándome amor a mí. No permitía que fuera de otra manera.

Los ojos se me llenaron de lágrimas mientras extendí la mano para tocar la pantalla. Varias extendimos la mano para tocar la pantalla a fin de conectarnos con el único pedacito de Sara que teníamos a nuestro alcance. Luego le dimos vuelta a la computadora para que pudiera ver la playa. El vasto océano. El ancho cielo. El sol radiante.

No fueron necesarias las palabras. La creación de Dios lo decía todo. Él penetra profundamente como el océano. Él es ancho como el cielo. Él alcanza como el sol. Incluso cuando nuestras lágrimas resbalen, sabemos que su mano nunca resbalará. Y como eso lo sé muy bien, no le dije: «Adiós, Sara». Sencillamente susurré: «Hasta luego, mi amiga, hasta luego».

Mientras tanto, hago que mi alma se siente a los pies de Sara para aprender de ella. Esta mujer realizada pudo haber estado muy vacía, muy amargada, muy tentada a mirar a las bendiciones de los que la rodeaban y hacer esas comparaciones enmarañadas que esperaban en la sombra de su alma. No obstante, Sara se negó a sentarse en el rincón oscuro y regodearse en lo que no tenía.

En cambio, celebró lo que sí tenía. De este modo, sembró vida y cosechó una satisfacción del alma profunda y poco común. De este modo, una mujer que nunca salió de su apartamento difundió su bondad alrededor del mundo.

Sara se fue a estar con Jesús poco después que terminara de escribir este capítulo. Se le amará y extrañará por siempre, pero nunca se le olvidará. La manera en ella escogió vivir enseña lecciones que permanecerán durante muchos, muchos años. Que así sea con nosotros también.

***

¿Un espíritu celoso o un espíritu dador? La opción en verdad es nuestra.

No quiero ser una mujer vacía, una mujer predispuesta a descontrolarse. Y sospecho que tú tampoco quieres serlo. ¿Cómo se modificarían nuestras perspectivas si entendiéramos que la vida que tenemos y que a veces desearíamos cambiar por la de otro es una vida privilegiada, una vida que muchos darían cualquier cosa por tener?

¿Un espíritu celoso o un espíritu dador? La opción en verdad es nuestra. ¿Cómo pudieras cargar con tu responsabilidad y hacer las cosas bien hoy? ¿Cómo podrías llevar amor a otros y expandir la capacidad de tu alma hoy? ¡Ah, que tomemos la decisión de llevar nuestras propias cargas y llevar amor a otros! Escoge este camino en lugar de un camino que corroe, destroza y atrofia el alma al querer «eso» engañoso. Niégate a seguir el camino de la mujer vacía. Oro que incluso cuando la vida sea difícil y caótica, elijamos de manera valiente abrazar lo que es y llenar nuestras almas con toda la buena realidad que está frente a nosotras.

Lo que soy. Lo que *sí* tengo. Lo que *puedo* hacer.

¿Y cuando piense en *ella*, y quién es, y lo que tiene y lo que puede hacer? ¿Y cuando eso me abra a la mitad como un arado que parte la tierra para sembrar semillas? Que las semillas cosechen una celebración sincera por ella y una paz completa en mí. En mí. Una mujer que una vez fue tan vacía y descontrolada. Que aprende. Que crece. Que cosecha más y más realización.

El diálogo interno negativo

E s hora de tratar el diálogo interno negativo, esos pensamientos descarriados que pueden fácilmente convertirse en percepciones que luego también muy fácilmente se vuelven realidades peligrosas. Y las realidades basadas en los sentimientos descarriados y no en la verdad siempre llevan a una cosa: inseguridad.

No le caes bien a la gente.

¿Quién eres tú para pensar que pudieras hacer eso?

¿Por qué dijiste eso? Todo el mundo piensa que eres pesada.

Tus hijos acaban de ilustrar todos los defectos que tienes como mamá.

Eres invisible.

¿Alguna vez te han hostigado pensamientos como estos? A mí sí. ¿Por qué dejamos que unas palabras tan destructivas golpeen nuestra alma? Los pensamientos dañinos son tan peligrosos porque no dejan espacio para que la verdad florezca. Y las mentiras son lo que reina en ausencia de la verdad.

El otro día estaba discutiendo algo con mi esposo y dije: «Sé que piensas que estoy siendo pesada y sobreprotectora con respecto a esto, pero...».

Art me interrumpió y señaló: «¿Cómo sabes que eso es lo que estoy pensando? Por favor, no me hagas responsable de cosas que solo son pensamientos en tu mente».

Tremendo. Su desafío me paró en seco. En algún momento en nuestra relación algo había encendido el diálogo interno que decía:

«Lysa, él cree que eres pesada». Y ya que no cuestioné ese pensamiento de inmediato, le di libertad para convertirse en una percepción. Esa percepción entonces se convirtió en el filtro mediante el cual procesé otras conversaciones que tuvimos. Empecé a buscar en las conversaciones cada vez más evidencias que demostraran que él pensaba que yo era pesada. A medida que fui colocando capa sobre capa de esas confirmaciones torcidas, la idea de «soy pesada» se convirtió en mi realidad. Sin embargo, no *era* realidad. Se trataba de un pensamiento equivocado que se convirtió en una percepción equivocada que se convirtió en realidad.

Art hizo muy bien en interrumpir nuestra conversación y desenredar mi planteamiento. *Él* no había dicho esas cosas. Yo supuse que las estaba pensando y actué como si esos pensamientos dañinos provinieran de él. Pobrecito.

Creo que nosotras las mujeres hacemos esto demasiado a menudo. Todos esos pensamientos dañinos acumulan y aumentan la negatividad por dentro. Y mientras más aumenta la negatividad, más cerca estamos de una explosión (decir cosas sin pensar) o una implosión (ocultar los sentimientos). Ya sea que explotemos u ocultemos, nuestro nivel de ansiedad se dispara y afecta no solo a nuestras mentes, sino a nuestras almas y cuerpos también. ¿Quieres saber cómo?

Estoy a punto de citar aquí algunos descubrimientos que son cruciales, sobre todo para aquellas de nosotras interesadas en la fisiología y la manera en que Dios diseñó nuestro cuerpo. Son cosas complicadas, así que no te pierdas en medio de todo ello, solo mantente conmigo durante unas líneas mientras comparto lo que algunas personas realmente inteligentes dicen sobre ciertas cosas en verdad extraordinarias.

Cuando asimilamos información en nuestro cuerpo y activamos una actitud —un estado de ánimo— esto influye en nuestra reacción ante la vida. Esa actitud activada, positiva o negativa, se transmite desde el tálamo (que es como el controlador de tráfico aéreos para todos los pensamientos en nuestro cerebro) hasta el hipotálamo.[1]

El hipotálamo, un órgano casi del tamaño de una nuez, es una fábrica en miniatura de químicos en nuestro cerebro, donde ocurren los procesos de formación de pensamientos. A la señal del tálamo, que es más grande (del tamaño de un huevo), el hipotálamo determina el tipo y la cantidad de químicos que se liberan al organismo, produciendo así un gran impacto en la manera en que funcionamos emocional e intelectualmente.[2]

Por ejemplo, si estás ansiosa o preocupada por algo, el hipotálamo responde a esta ansiedad con una ráfaga de químicos del estrés. Estos químicos involucran a la glándula pituitaria, la glándula principal del sistema endocrino. Entonces el sistema endocrino segrega hormonas responsables de organizar a millones de células en tu cuerpo para lidiar con las amenazas inminentes. Los pensamientos negativos desvían al sistema endocrino a enfocarse en la protección y limitan tu capacidad de pensar con sabiduría o desarrollar pensamientos saludables.

Por otro lado, si cambias tu actitud y decides aplicar el excelente consejo de Dios y no preocuparte, el hipotálamo ordena la segregación de sustancias químicas que facilitan sentimientos de paz y el resto del cerebro responde al segregar la «fórmula» correcta de neurotransmisores que facilitan un pensamiento claro.[3]

Es decir, Dios diseñó nuestros cuerpos para responder a nuestros pensamientos. Los pensamientos negativos llevan a una respuesta de crisis, lo que nos activa físicamente, pero dificulta nuestro pensamiento. Los pensamientos positivos nos permiten procesar una situación con exactitud y responder de manera saludable.

Esta verdad me desafía a someter mis pensamientos a normas más altas. ¿Cómo se atreven estos pensamientos descarriados a causar estragos mentales y físicos? ¿Cómo se atreven a desfilar como si fueran reales, alimentando nuestras ansiedades y manipulándonos para hacernos sentir inseguras, insuficientes y malentendidas? ¡Cuántos problemas permitimos en nuestras vidas debido a suposiciones equivocadas.

Ya que Dios hizo nuestro cuerpo —y todas las emociones, hormonas y respuestas químicas que el mismo tiene— su Palabra ofrece sabiduría en cuanto a cómo manejarlo todo. He aquí estas palabras sabias escritas por el apóstol Pablo:

No se inquieten por nada; más bien, en toda ocasión, con oración y ruego, presenten sus peticiones a Dios y denle gracias. Y la paz de Dios, que sobrepasa todo entendimiento, cuidará sus corazones y sus pensamientos en Cristo Jesús. Por último, hermanos, consideren bien todo lo verdadero, todo lo respetable, todo lo justo, todo lo puro, todo lo amable, todo lo digno de admiración, en fin, todo lo que sea excelente o merezca elogio. Pongan en práctica lo que de mí han aprendido, recibido y oído, y lo que han visto en mí, y el Dios de paz estará con ustedes (Filipenses 4.6–9).

Es probable que hayas leído antes este pasaje. Sin embargo, ¿has pensado en aplicarlo a tus pensamientos a la luz de todo lo que acabamos de aprender de la ciencia sobre el funcionamiento de nuestra mente? Dios supo siempre cuán importante es cuidarnos de la ansiedad al afianzar nuestros corazones en la gratitud e invitar a su poder a nuestras vidas. Su paz no es solo una bendición espiritual, sino también física. Resulta interesante, ¿verdad?

Tenemos que enfocar nuestra mente en pensamientos constructivos, no destructivos [...] pensamientos que nos den vida y no que la quiten.

Tenemos que pensar, considerar y enfocar nuestra mente en pensamientos constructivos, no destructivos. Pensamientos que edifiquen y no que nos destruyan. Pensamientos que nos den vida y no que la quiten. Pensamientos que lleven a la paz y no a la ansiedad.

Tres preguntas

Aquí tenemos tres preguntas que podemos usar para mantener controlados nuestros pensamientos descarriados, suposiciones y percepciones equivocadas. Sería bueno hacérnoslas cuando los pensamientos que suponemos que otros tienen nos arruinan la vida.

Pregunta 1: ¿En realidad alguien dijo esto o estoy suponiendo que lo están pensando?

Las personas no piensan tanto en nosotras como creemos que lo hacen. E incluso si realmente están pensando algo negativo sobre nosotras, podemos lidiar con ello una vez que conozcamos la verdad. Cuando suponemos algo sobre los pensamientos de alguien, es injusto para la persona e innecesariamente dañino para nosotras. En lugar de sentirnos ansiosas, necesitamos buscar la verdad al pedirle a la persona que una explicación y a Dios que nos ayude a procesar de manera correcta lo que escuchamos.

Filipenses 4.6 nos invita a escoger la oración en vez de la preocupación en toda situación. En lugar de permitir que nuestros pensamientos se nos adelanten, ya sea con suposiciones o desánimo, podemos pedirle a Dios que haga brillar su verdad en nuestra situación: *no se inquieten por nada; más bien, en toda ocasión, con oración y ruego, presenten sus peticiones a Dios y denle gracias.*

Pregunta 2: ¿Estoy sumergiéndome de manera activa en la verdad?

Mientras más leemos las verdades de Dios y dejamos que esa verdad llene nuestras mentes, menos tiempo pasaremos contemplando falsedades. Tener pensamientos descarriados y angustiosos es solo una invitación a la ansiedad. Pensar en la verdad envuelve nuestra mente en una paz que está por encima de nuestras circunstancias. Recuerda lo que la ciencia revela: cuando nos sentimos ansiosas, esos «pensamientos negativos cambian el enfoque de tu cuerpo a protección y reducen tu capacidad de procesar y pensar con sabiduría o de tener pensamientos saludables».

Tener pensamientos descarriados y angustiosos es solo una invitación a la ansiedad.

Si queremos que la verdad guarde nuestros corazones y mentes, tenemos que sumergirnos en la verdad. Eso lo hacemos al abrir la Palabra de Dios y permitir que ella nos abra a nosotros. Así es como se renueva la actitud de nuestra mente.

Filipenses 4.7 encierra una promesa para nosotros cuando nos volvemos a Dios y dejamos que su verdad nos llene: nuestros corazones quedan protegidos por la paz. *Y la paz de Dios, que sobrepasa todo entendimiento, cuidará sus corazones y sus pensamientos en Cristo Jesús.*

Pregunta 3: ¿Existen situaciones o relaciones que alimentan mis inseguridades?

Por último, si algunas situaciones o relaciones alimentan nuestras inseguridades, tal vez necesitamos alejarnos de ellas por un tiempo.

Una vez me hallaba en el mercado cuando me encontré con una de esas amigas que alimentan la inseguridad. Me preguntó si iba a participar en la actividad de recaudación de fondos para la escuela ese fin de semana. Le dije que iba a contribuir, pero que tenía un compromiso para hablar en un evento y no estaría presente.

Su respuesta salió como una daga que atravesó mi corazón: «No sé cómo dejas a tus hijos así. Yo nunca podría hacer eso».

Fingí en silencio que arreglaba el contenido de mi carrito para evitar mirarla a los ojos mientras ella terminaba de expresar su opinión. Podía haberle dicho: «Me encantaría que me ayudaras a entender lo que acabas de decir», y luego darle una respuesta segura y no emocional del tipo: *Jesús ya resolvió esto en mi corazón.* En cambio, terminé la conversación tan rápido como pude, acorté mi tiempo de compras, me fui al auto y lloré. Me cuestioné si era o no una buena mamá. Dudé de mi decisión en cuanto a no asistir a la actividad de recaudación de fondos de la escuela. Comparé mis imperfecciones con el desempeño cotidiano aparentemente perfecto de mi acusadora, y me sentí deplorablemente incapaz.

Más tarde, traté de conversar con esta amiga sobre lo que dijo, pero era dolorosamente evidente que ella no podía apoyar mi decisión de desarrollar un ministerio fuera de casa. Y con el tiempo, luego de sentirme dolida por otros comentarios hirientes, decidí que nuestra relación era tan molesta para ella como para mí. Debíamos estar de acuerdo en que no coincidíamos, y al final nuestra relación desapareció. La amistad no se caracterizaba por el honor, el ánimo y el amor. Por lo tanto, no era buena para ninguna de las dos.

Mi reacción inicial en la tienda casi tuvo un efecto tipo dominó de condenación. En cambio, decidí pensar en lo que Dios ya me había revelado como su voluntad para este tiempo de mi vida. No necesitaba la aprobación *de ella* en cuanto a mi obediencia. Solo la de Dios. Así que enfoqué mi mente en la enseñanza de Filipenses 4.8: *Por último, hermanos, consideren bien todo lo verdadero, todo lo respetable, todo lo justo, todo lo puro, todo lo amable, todo lo digno de admiración, en fin, todo lo que sea excelente o merezca elogio.*

Silenciemos el diálogo interno negativo

Si honor, ánimo y amor son las características de las amistades que quiero en mi vida, necesito fomentar esas cualidades en mis relaciones. Una manera de hacerlo tiene que ver con el contenido del diálogo. Nos involucramos en el diálogo interno cuando analizamos demasiado una conversación después que sucede. El diálogo en nuestra cabeza es algo así:

Cuando dije esto, es probable que ella pensara aquello.

Ahora seguro piensa esto.

Tal vez debiera decir algo para arreglarlo, pero entonces ella va a pensar que soy una persona medio loca que analiza demasiado.

Oh, cielos, ¿por qué dije eso?

Si no sabes de lo que estoy halando, entonces alza tus manos y alaba a Dios ahora mismo, ya que no luchas con el demonio del diálogo interno. No obstante, si sabes a qué me refiero, exhala aliviada, porque no eres la única.

Ahora que has exhalado, inhalemos una nueva posibilidad. La posibilidad de fomentar el honor, el ánimo y el amor que deseamos al darles a nuestras amigas permiso para silenciar su diálogo interno. ¿Cómo hacemos eso? Pudiera ser con una llamada telefónica rápida para decirle: «Cuando tú y yo tengamos una conversación, no tienes que preocuparte jamás de cómo analizaré las cosas después. No estoy pensando que estás loca ni que eres complicada, ¿de acuerdo? Te quiero. Y si necesito aclarar algo, te llamaré y hablaré contigo».

¡Qué regalo sería una llamada así para una amiga que ha estado volviéndose loca por una conversación que las dos tuvieron hace poco!

El diálogo interno es algo descabellado. La semana pasada tuve una conversación interesante con una amiga. Estábamos tomando café cuando ella reconoció que había tenido un diálogo interno sobre algo que me dijo por teléfono la noche anterior. Se fue a la cama molesta consigo misma por decir algo que consideraba tonto y estaba segura de que yo pensaba que estaba medio loca.

Sin embargo, yo no me acosté pensando que ella estuviera loca, en lo absoluto. Al contrario. Me fui a la cama pensando que ella es una de las personas más simpáticas y agradables que conozco.

Las amistades son como campos recién arados listos para el crecimiento. Lo que sembremos será lo que crecerá. Si sembramos semillas de confianza, bendición y amor, tendremos una gran cosecha de seguridad. Claro, si sembramos semillas de murmuración, cuestionamiento y duda, tendremos una gran cosecha de inseguridad.

Mientras más amor y alegría vierto sobre otros, más los experimento en mi propia vida.

En realidad, hoy es un gran día para llamar a una amiga y decirle: «Te quiero. Esto es lo único que estoy pensando. Punto».

He descubierto que mientras más amor y alegría vierto sobre otros, más los experimento en mi propia vida. No obstante, tengo ese gozo sobreabundante, ese gozo que se desborda, solo cuando me enfoco en la verdad de Dios y su Palabra. El Salmo 126.2–3 serviría como canción tema para la banda sonora de nuestras vidas:

> *Nuestra boca se llenó de risas; nuestra lengua, de canciones jubilosas. Hasta los otros pueblos decían: «El Señor ha hecho grandes cosas por ellos.» Sí, el Señor ha hecho grandes cosas por nosotros, y eso nos llena de alegría.*

No es que todo sea siempre color de rosa. ¡Cielos! Sé que este es un tema difícil. Sé que estos asuntos pueden resultar más complicados que hacerse tres preguntas sencillas. No obstante, ser responsables con respecto a nuestros pensamientos es un buen punto de partida.

Tratar el asunto del diálogo interno nos llevará a la libertad. No solo a la libertad *de* las cosas negativas como la duda y la inseguridad, la confusión y las sospechas. Sino a la libertad *para* derramar amor sobre otros. La libertad *para* pensar claramente. La libertad *para* obedecer al llamado de Dios en nuestras vidas independientemente de lo que otros crean. Nuestros pensamientos sí importan.

A fin de cuentas, una mujer vive de acuerdo a como piensa. Creo que necesitamos leer eso de nuevo, ¿cierto? Una mujer vive de acuerdo a como piensa. Que hoy pensemos y vivamos en la verdad y solo la verdad.

Mi alma necesita exhalar

El otro día me encontraba en la cocina con mi hijo adolescente. Yo estaba revisando el correo. Él estaba revolviendo una olla con arroz. Era un momento tranquilo y raro en nuestra casa, pues todos los demás chicos no estaban, así que quise aprovechar la oportunidad al máximo para conversar.

—Mark, ¿en qué estás pensando?

—En nada —me contestó.

Supe por la manera suave en que las palabras salieron de su boca que su respuesta no era para salir del paso. Sin embargo, ¿cómo era posible que no estuviera pensando en nada? Tenía que saber.

—Entonces, cuando dices nada, ¿en realidad quieres decir nada? ¿O eso significa que estás pensando en algo que no quieres contarme?

—No. Quiero decir que realmente no estoy pensando en nada ahora mismo.

—¿Cómo es posible? ¿No tienes algo por lo que estar preocupado, o una comparación que estás repitiendo en tu cabeza, o un montón de listas que estás repasando en tu mente?

Él meneó la cabeza y me miró como si yo fuera una cosa rara.

—Eh... no.

Asombroso. Realmente asombroso. Y desafiante. Creo que necesito ser un poco más como Mark cuando se trata del espacio en blanco emocional.

Su cerebro realmente puede descansar.

Tremendo.

Descansar. Eso suena muy bien, pero es de verdad difícil para una mujer como yo. Incluso cuando mi cuerpo físico está descansando, mi mente rara vez lo está. ¿Te identificas con esto?

Me parece que siempre estoy haciendo malabares en mi cerebro. Las necesidades de los niños. Los asuntos de la casa. Los proyectos de trabajo. Las listas de cosas por hacer que nunca terminan.

Sin embargo, la Biblia deja bien claro que debemos buscar el descanso. Tenemos que apretar el botón de pausa, literalmente, y disfrutar de nuestro descanso una vez a la semana. Y defenderlo con uñas y dientes. Preservarlo de manera intencional. Guardarlo incluso cuando nuestros horarios nos suplican que no lo hagamos.

Sé que cuando falta el descanso, abunda el estrés.

Sin lugar a dudas, el descanso no es algo que yo domine. No soy un ejemplo para este capítulo. Solo soy una mensajera que ha estado tratando de progresar con imperfección en esta esfera. Porque sé que cuando falta el descanso, abunda el estrés. Y cuando abunda el estrés, existe un gran potencial para que pierda el control.

Andar siempre de un lado a otro y mantener alto mi nivel de estrés constituye un detonador interno para mí. Lo sé. De modo que estoy tratando de seguir el consejo de Dios en cuanto a qué hacer al respecto.

Tiempo para exhalar

El descanso sabático siempre ha sido parte del plan de Dios para su pueblo:

> «Si dejas de profanar el sábado, y no haces negocios en mi día santo; si llamas al sábado "delicia", y al día santo del SEÑOR, "honorable"; si te abstienes de profanarlo, y lo honras no haciendo negocios ni profiriendo palabras inútiles, entonces hallarás tu gozo en el SEÑOR; sobre las cumbres de la tierra te haré cabalgar, y haré que te deleites en la herencia de tu padre Jacob». El SEÑOR mismo lo ha dicho (Isaías 58.13–14).

Sí, un día descanso. Me encanta como suena. Hace eco en lo profundo de mí, y es algo que sé que necesito. El día de descanso es el momento apartado para que mi alma respire. Respire de verdad. Hay una buena parte de mi vida diaria que implica inhalar, inhalar, inhalar... absorber mucho y contener la respiración con la esperanza de poder manejarlo todo. Sin embargo, no podemos solo inhalar. También debemos exhalar: dejar que todo salga delante de Dios y establecer un ritmo más saludable para vivir.

Aunque no soy muy buena en eso, me encanta que Dios quiera que descansemos. Me encanta que él no solo esté interesado en lo que hacemos, sino también en asegurarse de que no nos agotemos. Dios nos recuerda descansar para que tengamos un nuevo ritmo en nuestro día a día. Se trata de un período de veinticuatro horas para interrumpir nuestro ritmo habitual de manera que estemos dispuestos a *encontrar nuestro gozo en el Señor*.

No sé tú, pero cuando yo me estoy descontrolando, siento que he perdido mi gozo. Así que cualquier cosa que me ayude a encontrarlo, sobre todo un «gozo en el Señor» que encuentre haga eco en el alma, me parece bien. Mi alma exhala con un largo: «¡Sí!».

Y si esto es lo que quiero —encontrar mi gozo en el Señor— la Biblia deja claro que el *descanso* es clave.

Necesito disminuir la velocidad a nivel físico. Detenerme. Hacer una pausa. Sí, he sido llamada a descansar.

Sin embargo, también he sido llamada a reflexionar. Si estamos honrando el día santo del Señor, hemos sido llamadas a descansar de tres cosas:

- Seguir nuestro camino.
- Hacer lo que bien nos parezca.
- Decir palabras inútiles.

Esto pudiera ser diferente en mi caso y en el tuyo, pero algo sé, y es que a Dios le preocupan mucho más las actitudes de nuestro corazón que las actividades de nuestro cuerpo en el día de descanso. Debemos a toda costa evitar los efectos paralizadores del legalismo mediante los cuales nos enorgullecemos de seguir reglas, y mientras tanto nos perdemos de seguir de veras al Señor. El apóstol Pablo nos recuerda:

> Así que nadie los juzgue a ustedes por lo que comen o beben, o con respecto a días de fiesta religiosa, de luna nueva o *de reposo*. Todo esto es una sombra de las cosas que están por venir; la realidad se halla en Cristo (Colosenses 2.16–17, énfasis añadido).

Me encanta que las Escrituras nos recuerdan que la realidad del verdadero día de reposo se encuentra en Cristo. En él vemos una imagen de la gracia. Y en la gracia podemos ser lo suficiente vulnerables como para ser completamente honestas *con* nosotras mismas *sobre* nosotras mismas.

Completamente honestas.

Existen razones válidas y personales por las que necesitamos guardar el día de reposo que serán únicas para cada persona. Hay reflexiones y conversaciones privadas que necesitamos tener con Dios. Nuestra necesidad de apretar el botón de pausa, sentarnos con Dios y pedirle que nos revele algunas cosas resulta precaria.

El día de reposo será único para cada persona.

¿Dónde estoy siguiendo mi propio camino ahora mismo?

¿En qué aspecto de mi vida estoy agradándome más a mí que a Dios?

¿Qué palabras inútiles necesitan ser controladas para que no anden desenfrenadas por mi mente o broten de mis labios?

Y cuando analizo estas cuestiones a partir de Isaías 58, algo profundo tiene lugar en mí. El día de reposo no es solo algo para *guardar*. Es un tiempo para *preservar*.

El que lo guarda se acuerda de descansar.

El que lo preserva descansa para recordar, recordar que se trata de Dios.

Se trata de hacer una pausa. Se trata de conectarnos con Dios sin la rutina de cada día que nos distrae. De permitir que Dios nos muestre un ritmo mejor. Un ritmo que preservará lo mejor de nosotras y nos mostrará aquellos aspectos en que estamos perdiendo el curso y llenándonos de cosas innecesarias.

Una vez que vemos el desorden —los aspectos en los que estamos yendo por nuestro propio camino, aquellos en los que nos agradamos más a nosotras mismas que a Dios, las palabras inútiles que necesitan ser controladas— entonces podemos limpiarlo.

Eso es lo que hace el día de reposo.

En un sentido, tomo este día para limpiar mi alma de manera que pueda vivir los otros seis con la libertad de respirar que tanto mi alma necesita.

Libertad para respirar. Espacio para respirar. Inhalar y exhalar a un ritmo suave establecido por Dios. En esto, mi hijo Mark es realmente bueno. No se trata solo de que su cerebro pueda descansar y no pensar en nada. Él de verdad sabe cómo buscar espacio para que alma respire.

El que lo guarda se acuerda de descansar. El que lo preserva descansa para recordar, recordar que se trata de Dios.

¿Y sabes qué? Nunca he visto a Mark descontrolado. Nunca. En parte, esa es la razón de que tenga un temperamento hermoso. Y también porque sabe lo que significa encontrar su gozo en Cristo. Con gracia. En reposo. Una vez le pregunté a Mark: «¿Cómo es que no te enojas cuando tu hermano hace algo que te molesta?». Y él me contestó: «Sencillo. Si me está sacando de paso, le digo que no lo haga. Y si lo sigue haciendo, me voy». Él inhala el asunto, pero exhala con gracia.

¡Muy bien! No hace falta enojarse ni volverse muy complicada y analítica. Solo se trata de una evaluación honesta de un alma que está lo suficiente descansada como para mantenerse calmada. Gozo, descanso, gracia. Sí, quiero más de este día de reposo.

Mi amiga Bonnie Gray le llama a este proceso «encontrar tu espacio en blanco espiritual». En las artes visuales el espacio en blanco se refiere a los segmentos de una página que quedaron sin ocupar. Bonnie dice: «En el diseño gráfico el espacio en blanco es un elemento clave en la calidad estética de la composición. Mientras más tiene de arte una composición, más espacio en blanco encontrarás. Mientras más comercial es una pieza, mayor la cantidad de texto e imágenes que encontrarás. El propósito ya no es la belleza, sino la comercialización».[1]

No quiero que mi vida esté tan llena que no sea más que un comercial de locura. Así es como me siento a veces, pero no es eso lo que quiero. Deseo ser una obra de arte.

No quiero que mi vida esté tan llena que no sea más que un comercial de locura.

Como el *David* del que hablábamos antes. Cincelado y perfeccionado con el tiempo.

Tiempo con aquel que desde el principio modeló el día de reposo. Tiempo con aquel que puede ver más allá de mi fachada y en los lugares profundos de mi corazón. Más allá de las razones superficiales por las que me descontrolo, en los lugares más recónditos.

Y en ese espacio de tiempo con aquel que en realidad ve y conoce, descansaré y reflexionaré.

Tres preguntas para el día de reposo

Al reflexionar, me atrevo a hacerme las tres preguntas impulsadas por el profeta Isaías.

Pregunta 1: ¿Dónde estoy siguiendo mi propio camino ahora mismo?
A veces es difícil ver aspectos de nuestra vida donde estamos siguiendo nuestro propio camino en lugar del camino de Dios. Honestamente, estos no son los pensamientos profundos que ocupan mi mente mientras corro a Target, lleno el tanque del auto de gasolina o me apresuro para que mis hijos lleguen a tiempo a la escuela. Sin embargo, estas son las cosas que puedo y debo considerar en mi día de reposo. Es entonces que tengo tiempo para dejar a un lado la prisa, orar y pensar. Orar y pensar de verdad. No solo para sobrevivir a corto plazo, sino para el avivamiento constante de mi alma.

De ese modo, cuando comience a seguir mi propio camino, podré reconocerlo y detenerme.

El camino de Dios comprende amor, alegría, paz, paciencia, amabilidad, bondad, fidelidad, humildad y dominio propio (Gálatas 5.22–23).

Mi camino parece muy diferente. Solo toma esas cualidades y transfórmalas en un paquete que incluye ser impaciente, estar apurada y sentirse siempre presionada hasta los límites. No es lindo y no es lo que quiero. Deseo el camino de Dios. Él sabe que es así. Sin embargo, cuando el ritmo de mi alma busca la supervivencia y no el aviamiento, me descontrolo.

El año pasado caí en el terrible hábito de pasar por alto mi día de reposo. Y esto dio lugar a muestras horribles de emociones fuertes. Ah, sí, pude esconder esas muestras bastante bien de todos los demás, pero las puse en práctica con aquellos a los que más amo.

Un día mi hija necesitaba zapatos deportivos, así que corrimos a la tienda de calzado más cercana. Este debió haber sido un tiempo maravilloso para establecer una conexión entre las dos, pero en cambio enseguida me puse irritable. Lo primero que me tomó por sorpresa fue el alto precio de los zapatos. ¿Acaso no saben estas compañías de ropa y zapatos deportivos que estamos en recesión?

Lo segundo que desencadenó mi actitud fue el hecho de que ella no puede usar estos zapatos para más nada que este deporte... y no se pueden usar al aire libre... así que necesitará otro par para la clase de educación física. Bueno, esta semana solo comeremos macarrones con queso para que los pies de mi hija luzcan el calzado que se requiere en los deportes de la escuela intermedia.

Entonces mi hija me dice de pronto que tiene que probarse los zapatos con medias. No teníamos medias. La tienda no contaba con medias para prestarnos. Así que ahora teníamos que comprar medias, lo que representaba ocho dólares más en un precio ya elevado. ¡Ufffff!

Una vez que compramos las medias y se puso los zapatos, se sintió frustrada por cómo le quedaban. Así que se probó otro par. Y otro. Y otro. Y... ¡por todos los cielos!... solo escoge alguno... ¡anda!

De repente, me sentí muy irritable. Era como si cada nervio de mi cuerpo de pronto hubiera emergido a la superficie de mi piel y comenzara a pedir que nos fuéramos a casa de inmediato o mi cabeza explotaría en mil partículas de polvo mágico.

Nada en mí era amoroso, alegre, tranquilo, paciente ni gentil.

Nada decía: «Esta mujer ama a Jesús, sirve a Jesús, pasa tiempo con Jesús». Solo seguí mi propio camino al dejar que mis emociones fuertes se salieran con la suya.

¿Te identificas? ¿Alguna vez has estado en una situación como la de la tienda de zapatos?

He aquí un versículo muy bueno para considerar:

> Por tanto, imiten a Dios, como hijos muy amados, y lleven una vida de amor, así como Cristo nos amó y se entregó por nosotros como ofrenda y sacrificio fragante para Dios (Efesios 5.1–2).

La versión en inglés *The Message*, parafrasea este versículo de esta forma:

> Observen lo que Dios hace, y luego háganlo ustedes, como hijos que aprenden la conducta apropiada de sus padres. Por encima de todo, lo que Dios hace es amarlos. Manténganse en su compañía y aprendan a vivir con amor (traducción libre).

Ahhh... mantenerse en compañía de Dios. Reposo. Aprender a vivir con amor... reposo. Esto es lo que me muestra el ritmo del día de reposo. Puedo aprender a vivir con amor. Gozo. Paz. Paciencia. Bondad. Y todas las demás cualidades de Dios. Cuando me detengo una vez a la semana para realinear mi camino con el de Dios, mi alma exhala y eso es bueno. ¡Día de reposo, cuánto mi alma lo necesita!

Pregunta 2: ¿En qué aspecto de mi vida estoy agradándome más a mí que a Dios?

Sean, pues, aceptables ante ti mis palabras y mis pensamientos, oh Señor, roca mía y redentor mío (Salmos 19.14).

Vivimos en una época en la que a veces nuestros derechos preceden a nuestra búsqueda de la justicia cuando quedamos atrapadas en la corriente de buscar el bien propio en lugar de buscar a Dios. Muy rápidas para quejarnos cuando las cosas no salen tal y como queremos.

Muy olvidadizas para dar gracias cuando las cosas salen bien.
Y esto me desafía.

Mi esposo es dueño de un restaurante Chick-fil-A. Si alguna vez hubo un hombre que se interesara hasta lo profundo de su ser por servir bien a sus clientes, ese es mi esposo. Para él no es cuestión de servir un sándwich de pollo excelente. Es cuestión de servir a una vida. Es su oportunidad de entregarle a este cliente un sándwich con una sonrisa, una palabra amable, algún gesto que implique que se esfuerza por él al máximo, y en ese breve instante, logra que el día de esas personas sea un poco más brillante, mejor.

Y nunca hace distinciones en su bondad.

El cliente gruñón recibe la misma bondad que el alegre.

Él me inspira. Él busca a Dios en su negocio. Una persona que solo piensa en sí misma ve a cada cliente solo como una transacción. Una persona que busca a Dios ve a cada cliente como una persona con necesidades reales. Él siempre ofrece la palabra poco común de bondad, ánimo y bendición.

Y no es solo mi esposo el que ve a sus clientes de esta manera, este es un valor fundamental en la cultura corporativa de Chick-fil-A. He estado en muchas reuniones con los ejecutivos de su empresa, y la búsqueda de Dios se modela en cada aspecto del negocio. Resulta interesante que Chick-fil-A sea también uno de los pocos negocios minoristas en los Estados Unidos que honra el día de reposo. Ellos cierran los domingos.

Un día de descanso. Un día para reflexionar. Un día para reagruparse y enfocarse en Dios y la familia.

Creo de veras que Chick-fil-A recibe la bendición que representan siete días de trabajo en solo los seis que están abiertos.

¿Pudiera atreverme a ser una mujer que reposa, que busca más a Dios que mi propio bien? ¿Pudiera ser una mujer que haga uso de algo tan poco común como las palabras bondadosas?

¿Y pudiera ser tan valiente como para no solo hacer que la bondad salga de mi boca, sino que sea también la meditación de mi corazón?

No es fácil, pero es bueno.

Así que este es el desafío que me he hecho: recordarme el día de reposo buscar lo bueno en mi vida diaria.

En cada situación, en cada interacción, cada día, ser alguien que se fija en lo bueno. Eso es lo que hacen los que buscan a Dios, se enfocan en lo bueno. Incluso cuando lo bueno no tenga nada que ver con las circunstancias y sí con cómo Dios nos enseñará mediante ellas, busca lo bueno. Y en eso bueno, nuestra alma exhalará: «Reposo».

Pregunta 3: ¿Qué palabras inútiles necesitan ser controladas para que no anden desenfrenadas por mi mente o broten de mis labios? La versión Reina Valera 1960 de la Biblia traduce «palabras inútiles» en Isaías 58.13 como «tus propias palabras». Nos buscamos problemas cuando en lugar de afirmar nuestra mente en la *verdad,* la dejamos vagar por las *percepciones.*

¡Eso sí que es peligroso!

Y creo que este peligro es otra cosa más de la que Dios quiere protegernos con el día de reposo, el día que debe preservarse.

Cuando me casé, estaba ansiosa por ser «una buena esposa» y decidida a descubrir cómo hacerlo bien. Así que tomé nota en mi mente de lo que hace una «buena esposa»:

- Cocina pasteles de carne.
- Pasa la aspiradora todos los días para que las marcas en la alfombra indiquen que está limpia.
- Coloca noticas de amor en el portafolio de su esposo.
- Compra y usa ropa interior linda.
- Le gusta usar la ropa interior linda y lo hace un par de veces por semana.
- Le da espacio a su esposo cuando llega a casa.
- Cuelga el teléfono cuando él llega a la casa.
- Aprende cosas sobre fútbol y ve los juegos con su esposo.
- Ora por él todos los días.

Y la lista crecía y crecía.

Con el tiempo, la lista en mi cabeza de lo que una buena esposa debía hacer me abrumó tanto que lloré. Me sentía insuficiente. Comencé a deprimirme. Me sentía descontrolada constantemente.

Suponía que esta lista en mi cabeza también estaba en la cabeza de mi esposo.

Me amargué. Y en un momento de total agotamiento, grité:

—¡Tus expectativas son ridículas!

A lo que él contestó:

—¿Qué expectativas?

—La lista... la lista de cientos de cosas que necesito hacer para ser una buena esposa —dije.

Yo sollozaba entre lágrimas y mocos.

Su mirada perpleja me dejó atónita. Él no tenía tal lista. Se trataba de una percepción. Pensamientos ociosos que había dejado sin control en mi mente durante tanto tiempo que los confundí con la verdad. La verdad de 1 Corintios 13 me recuerda que el amor es paciente, amable, no es orgulloso ni rencoroso. Había ampliado tanto el rango de las cosas que debía hacer, que había disminuido mi visión de sencillamente amar a mi esposo.

Hacer menos. Ser más. Eliminar el desorden de las palabras ociosas. Encontrar ese espacio en blanco. Honrar a Dios.

Si hubiera estado practicando el día de reposo de manera regular y en esos momentos buscara a Dios con relación a este asunto, sospecho que me hubiera ahorrado años de descontrol en mi matrimonio. Años.

Finalmente acudí a mi esposo, y sintiendo que los enredos de las expectativas aflojaban el control que tenían sobre mí, le dije: «Amor, no puedo hacer todo lo que al parecer hacen las buenas esposas. Pero puedo hacer tres cosas. Así que dime cuáles son tus tres cosas más importantes y esas las haré bien».

Después de todo, podía pasarme todo un matrimonio haciendo un montón de cosas a medias con una actitud amargada y un espíritu abrumado. O podía hacer tres cosas con entusiasmo, una sonrisa en el rostro y amor en mi corazón.

Sus tres cosas eran sencillas: ser una mamá que invirtiera emocional y espiritualmente en nuestros hijos, cuidar bien de mi alma y mi cuerpo, y mantener la casa en orden. (Observa que dijo «en orden», no perfectamente limpia.) Eso era todo.

No le importaban mucho las comidas hechas en casa. No tiene problemas si contrato a alguien para que pase la aspiradora. Y no le molesta si veo un programa como *48 Hours* mientras él ve un evento deportivo en otro televisor.

En cuando a la ropa interior, no dijo nada. Sin embargo, él pudiera alegar que es un argumento secundario en lo que se relaciona con cuidar bien de mi cuerpo. El problema es que soy una chica que le gusta usar pantalones de gimnasia. Sí, Victoria tiene un secreto, y todavía no tengo idea de cuál es.

No obstante, eso es un tema para otro día.

Por hoy he reducido mi campo de acción a tres cosas, y esto ha ampliado mi visión para disfrutar de un gran matrimonio.

Soy una esposa de tres cosas. Es sencillo, pero lo sencillo es bueno. Y sobre todo, dejé de sabotear mi matrimonio con pensamientos ociosos.

¿Cómo pudiera ayudarte esto a ti? ¿Cómo pudieran mejorar algunas de tus relaciones?

Deja que tu alma respire

Sé que cualquier cambio con respecto al día de reposo —ya sea realinear nuestro camino con el de Dios, ser alguien que busca al Señor y lo bueno, o dejar los pensamientos ociosos— no sucederá de la noche a la mañana. No obstante, mientras más intencionales seamos en la práctica del día de reposo, más el ritmo de este día se convertirá en algo natural para nosotros. Inhala. Exhala. ¡Este es el ritmo del alma que respira y vive, es el ritmo del alma que no solo sobrevive, sino prospera!

Mientras más intencionales seamos en la práctica del día de reposo, más el ritmo de este día se convertirá en algo natural para nosotros.

Así que, ¿puedo animarte a que consideres seriamente implementar alguna versión de lo que hemos tratado? ¿Y pudieras elaborar por escrito un horario para tu día de reposo a fin de descansar y reflexionar esta semana, ya sea el domingo u otro día?

Como dije antes, el día de reposo no es solo un tiempo que debe guardarse, es un tiempo para preservarse. El que lo guarda se acuerda de descansar. El que lo preserva descansa para recordar. No lo olvides, se trata de Dios. Aprovecha bien este tiempo de reposo. Y hazlo de nuevo a la semana siguiente. Y a la otra. Sí, esta mujer descontrolada está decidida a hacer del día de reposos una de las partes más cruciales de su progreso imperfecto.

No todo está mal

S é que descontrolarse —explotar u ocultar las emociones fuertes— no es bueno. Causa dolor y daña las relaciones. La herida es real, profunda y duradera. No niego eso de ninguna manera, pero también quiero reconocer que descontrolarse no es del todo malo. Y oro que después de este capítulo también puedas decir lo mismo.

Supongamos que tú y yo estamos sentadas en la mesa pegajosa de mi comedor, hablando de todo esto cara a cara. Tendría frente a mí un archivo con artículos que he recolectado y quiero mostrarte. Un comentario en un blog de una amiga que se llama Jenni. Una nota de una amiga que se llama Sharon. Y un par de correos electrónicos que intercambiaron Samantha y Abby. Observarías que esos pedazos de papel tienen algunas manchas de grasa y quizás una o dos de mermelada, las cuales trataría de quitar con mis dedos relamidos. Y en medio de todo eso, conversaríamos. Primero, vamos a hablar de darle un vistazo honesto a algunos rincones de nuestra alma a los que no hemos mirado recientemente.

Un vistazo honesto dentro del alma

Hace veinte años que vivo en la misma casa. Eso abarca todo el tiempo de mi vida de casada. Mi esposo y yo tenemos planes maravillosos para cosas que necesitan reparación, ser modernizadas o remodeladas.

Trabajamos en equipo... para llamar a los profesionales. Así es, tenemos dones y talentos, pero la carpintería, la electricidad y la plomería no figuran entre ellos. Para esas cosas necesitamos contratar a algunas personas.

Mi amiga Jenni y su esposo son diferentes. Ellos saben hacer reparaciones asombrosas y proyectos de remodelación que me dejan sin habla, incluyendo arreglar filtraciones, aplicar sellador, reemplazar instalaciones eléctricas dañadas y reparar paredes.

Uno de los últimos comentarios en el blog de Jenni me cautivó. Completamente impresionada por el trabajo que habían estado haciendo en su casa, me sentí muy inspirada por la correlación que ella hizo entre ese trabajo y la necesidad de mirar a nuestro interior. A «nuestros puntos débiles», como Jenni los llama. Esto fue lo que escribió:

> Algunos días, cuando los amigos vienen a ver cuánto hemos avanzado, me da pena, ya que temo que no parezca mucho.
>
> Deseo apurarme, pasar a la decoración y hacer que cada habitación sea acogedora para los amigos. Sin embargo, solo estaría tapando abolladuras, bultos y manchas que con el tiempo se verán. Hacer todo el trabajo duro en los puntos vulnerables tendrá su compensación al final del camino, cuando sepa que toda la decoración no estará ocultando nada, sino más bien realzando la arquitectura.
>
> Así es exactamente como lucen los puntos débiles de mi vida.
>
> ¿Acaso no es eso lo que hacemos en nuestro desarrollo personal y nuestras vidas espirituales? Estamos tan apuradas por lucir bien que nos ponemos una «decoración» linda para dar la impresión de que todo está bajo control, pero muy a menudo no nos ocupamos de los puntos débiles. Y oye, eso es un trabajo duro. Hay días en que no pareciera que he avanzado mucho...
>
> Todavía me ofendo cuando alguien me formula una pregunta de una manera que me hace sentir que he fallado. Todavía quiero desquitarme cuando alguien me hiere. Todavía me siento insegura cuando no me siento cómoda. Todavía me pongo celosa cuando alguien logra aquello que yo sueño hacer.

Los puntos débiles requieren un trabajo arduo y que no es visible de inmediato, pero constituyen el cimiento de nuestra salud emocional y espiritual.[1]

Sí, Jenni, así es. No obstante, nunca veremos lo que necesita reparación y limpieza en nuestros puntos débiles a menos que hagamos lo que Jenni y su esposo hicieron con su casa que necesitaba arreglos. Ellos observaron.

No hacemos eso muy a menudo con nuestros puntos débiles, nuestro interior más profundo. Solo tratamos de sobrevivir sin volver a echar a perder las cosas. Tal vez sea porque estamos ocupadas o no sabemos cómo mirar. Bueno, pues creo haber descubierto al menos un lugar donde podemos comenzar a mirar: nuestros lugares descontrolados.

Nuestros lugares descontrolados deben ser como los cristales de las ventanas que nos permitan darle un vistazo honesto a nuestras almas, lugares donde podemos ver qué es lo que realmente está sucediendo. Ese el mismo principio que Jenni y su esposo aplicaron en la remodelación de su casa. Ellos saben que tienen que lidiar con los puntos débiles como las malas instalaciones eléctricas antes de colgar los cuadros y colocar los muebles. Tiene que arreglar primero los problemas de cimientos.

Y nosotras necesitamos actuar de la misma forma. En el último capítulo leímos sobre hacer una pausa semanal para dejar que nuestras almas exhalen durante un día de reposo. Eso es bueno y necesario. Sin embargo, ¿qué hay de los otros seis días de la semana? ¿Cómo se supone que permanezcamos calmadas y exhalemos en medio de los desórdenes cotidianos cuando anhelamos tanto ser mujeres «controladas»?

En mi esfuerzo por dar la imagen de una mujer «controlada» puedo hacer muchas cosas: servir de voluntaria en muchos comités, ponerles a mis hijas vestidos y lazos combinados, llegar a tiempo, depilarme las cejas y las piernas, manejar un auto limpio, y colgar una guirnalda en la puerta de acuerdo a la estación. Entonces puedo darme una palmadita en la espalda y pensar: *ah... soy una mujer controlada. He decorado mi vida con cosas impresionantes.* Sin embargo, a puertas cerradas, las decoraciones carecen de significado ante los arranques emocionales o el tratamiento silencioso que le doy a mi esposo.

Una vida bien decorada no es una señal de control. Pudiera impresionar de manera temporal, pero a la larga, si los cimientos se derrumban, no importa cuántos cuadros lindos haya en las paredes. Toda la casa se caerá.

Esta es la razón por la cual descontrolarse no es tan malo. Así como una luz que no enciende al darle al interruptor puede indicar un problema en la instalación eléctrica, descontrolarnos puede indicar un problema en nuestros circuitos mentales. Las expresiones externas son indicadores de algo interno. Si nuestras expresiones externas son descontroladas, hay algún problema dentro. Problemas que no trataremos al menos que nos veamos obligadas a reconocer su existencia. Por doloroso que pueda resultar nombrar estos problemas, analizarnos a nosotras mismas y hacerlo de verdad, muy adentro y con honestidad, es algo bueno.

Las expresiones externas son indicadores de algo interno.

Cuando miro por la ventana de mis reacciones descontroladas, puedo encontrar un orgullo que no quiero reconocer. Una falta de perdón prolongada. Una amargura arraigada. Un enojo que hierve a fuego lento. Celos que me roban la alegría. Vergüenza condenadora. Remordimientos que me persiguen. Rechazo enmarañado. O es posible que vea un horario demasiado lleno y tenga que admitir que me siento poco reconocida o subestimada. O pudiera ser que por fin reconozca el daño muy real que me ha causado el estrés constante. Que a veces amo y detesto mi vida, todo a la misma vez. Y no resisto sentirme así. ¿Por qué me siento así?

Si las cosas van a mejorar alguna vez, tengo que reconocer que nuestros puntos débiles alimentan nuestras reacciones descontroladas. Quizás no nos guste lo que vemos, pero al menos sabremos que estamos lidiando con ello. Podemos identificarlo y pedirle a Dios que nos ayude.

Dios, estoy cansada. ¿Qué hago?
Dios, me siento sola. ¿Qué hago?
Dios, estoy enojada. ¿Qué hago?
Dios, me siento insegura. ¿Qué hago?
Dios, me siento frustrada. ¿Qué hago?

No me tomo el tiempo para preguntarle a Dios qué hacer lo suficiente a menudo. ¿Te sucede lo mismo? Quizás tener una visión clara de nuestros puntos débiles nos ayudará a acudir más a Dios... con mayor frecuencia, con más autenticidad, de manera más humilde.

Por lo tanto, ¿podemos coincidir en que descontrolarnos no es tan malo si nos lleva a Dios? ¿Y si trae luz a lo que nos está carcomiendo en la oscu- *Descontrolarnos no es tan malo si nos lleva a Dios.*

ridad? Y aun más, ¿pudiéramos estar de acuerdo en que descontrolarnos es glorioso si el resultado final nos lleva a la santidad?

Cómo observar mis propios puntos débiles

¿Alguna vez has estado en una situación en la que algo pequeño te parece realmente grande? Quizás la mirada de alguien de repente te hace sentir que le caes muy mal. Tal vez una amiga no te devuelve la llamada y piensas que es un indicio de que no eres importante. O tu hijo hace un comentario sobre qué maravillosa es otra mamá y sientes que es una clara señal de que lo has decepcionado.

Por lo general, estas cosas no son verdad. La mirada fue solo una mirada sin ningún significado oculto. La llamada telefónica perdida fue solo algo que se le pasó a tu amiga en la lista de cosas que tiene por hacer. El comentario... bueno, tal vez esa fue una indirecta. O quizás solo se trató de un elogio para la otra mamá y no de una declaración en tu contra. Si no tenemos cuidado, estos sentimientos equivocados nos pueden distraer, desanimar y provocar que el dolor del pasado comience a hostigarnos.

Algo así me sucedió el día después de Acción de Gracias el año pasado. Mi hermana Angee y yo nos levantamos a las tres de la mañana y estábamos en la fila de cierta tienda treinta minutos después. Lo sé. Estoy de acuerdo. Es una locura. Sin embargo, como un cazador tras su presa, yo estaba persiguiendo algo. Verás, estaba teniendo un problemita con mi lavadora, o tal vez ni siquiera debería llamarla así. Mis hijos adolescentes echaban su ropa a lavar, y la lavadora las devolvía sucias. Eso es un poquito problemático cuando a tu familia le gusta lavar la ropa *cada* vez que se la ponen.

Esto no representa un problema para mí. Soy la reina en lo que se refiere a volverme a poner la ropa. Quizás te traumatices si te dijera cuántas veces me pongo mis pantalones vaqueros antes de lavarlos. Resulta un poco loco, pero a mí no me molesta para nada. Sin embargo, mis hijos no son como yo. Son un poco exagerados con su definición de limpio. Mi hermana tiene esta misma situación hiperactiva con la limpieza. Mi mamá asegura que sufre de un trastorno obsesivo compulsivo (TOC). Como sea.

El caso es que a las tres y media de la madrugada nos pusimos en la fila. Yo quería la oferta de la secadora gratis con la compra de la lavadora. Angee quería una computadora a mitad de precio. Cuando abrieron las puertas de la tienda a las cinco, ambas lo conseguimos. Rebosábamos de felicidad. Luego nos fuimos a desayunar antes de seguir con las compras. Esta es la parte de la historia donde la felicidad desaparece.

Al intentar pagar en el restaurante, mi tarjeta de crédito resultó «no aprobada».

Déjame aclarar esto. *Había* resultado aprobada en la tienda hacía cinco minutos cuando hice una compra grande. ¿Y ahora de pronto en una comprita de dos dólares por un sándwich de huevo, queso, y tocino *no* era aprobada?

No aprobada.

No *aprobada*.

¡Ay!

Mi hermana ni se inmutó. Sacó dinero, pagó mi desayuno y nos fuimos a la próxima tienda de nuestra lista. Sin embargo, las palabras «no aprobada» pendían como una nube negra sobre mi cabeza. Me molestaban terriblemente. Sabía que se trataba de algún tipo de problema técnico, pero no era así como se sentía.

Cuando aquella chica se inclinó por la ventanilla del restaurante y dijo en voz muy baja: «Lo siento, señora, pero su tarjeta sigue dando no aprobada», me pareció algo personal. Realmente personal.

De repente, el dolor de mi pasado y la vergüenza del momento comenzaron a hablar en mi cabeza. *Eres una fracasada. No te quieren. Eres muy desorganizada. Eres pobre. No eres aceptable. No eres aprobada.*

¿Ves cómo las pequeñas cosas de repente pueden parecer muy grandes? ¿Percibes el cambio sutil que tiene lugar? El asunto pasó de que no aprobaran mi tarjeta de crédito a que *yo* no fuera aprobada. Ahí está. El sentimiento de descontrol haciéndose cada vez más fuerte.

Recuerda que hablamos de cómo todo el diálogo interior negativo es una enorme bandera roja que advierte que las cosas internamente están a punto de crear por fuera una reacción descontrolada.

No exploté con la chica de la ventanilla del restaurante ni la compañía de la tarjeta de crédito, sino oculté este horrible sentimiento muy dentro de mí. Y como el principio insidioso de una lepra en el alma, comenzó a comerme.

Lo sentía.

Eso, combinado con lo cansada que me sentía al llegar la tarde, hizo que mis emociones llegaran a la zona de peligro. Lo único necesario fue un pequeño comentario de uno de mis hijos sobre cómo a la tía Angee le había ido mejor... bla, bla, bla y... ¡pum! Perdí el control. Grité. Amenacé. Me mordí el labio y señalé con el dedo.

Y después me odié a mí misma.

Ahí mismo, en medio de una familia donde se supone que yo sea un «ejemplo cristiano», lo eché todo a perder. ¿Por qué, por qué, por qué había actuado así? Caramba, ¿cuál es mi problema? En mi cabeza, otra vez escuché la advertencia en susurros de la mujer en la ventanilla del restaurante: «No aprobada».

Me gustaría poder decorar esta historia con un lindo lazo y darle un final bonito, pero no puedo. Fue cualquier cosa menos bonita. Me sentí muy mal. Y me fui a la cama preguntándose si el Señor mismo podría venir y decirme: «Lysa TerKeurst, estoy harto de tus reacciones inmaduras. Ya no estás aprobada para ser maestra de estudio bíblico. ¡Mírate!».

Nuestro Señor no susurra condenas en voz baja. Convicciones, sí. Condenas, no.

Sin embargo, esa no es la voz del Señor. Nuestro Señor no susurra condenas en voz baja. Convicciones, sí. Condenas, no.

Me metí en la cama y me quedé mirando con los ojos fijos la oscuridad que envolvía la habitación. «Déjame oír tu voz, Jesús. Necesito escucharte por encima de todo este lío. Si no te escucho, me temo que esta oscuridad me va a tragar viva». Nada. No podía oír nada. Así que tenía una opción. Me podía quedar allí repasando los acontecimientos terribles del día, o podía encender la luz y leer la Palabra de Dios.

Cuando las mentiras están pululando y me atacan como un grupo de mosquitos sanguinarios, lo mejor que puedo hacer es abrir la Palabra de Dios y sumergirme en su verdad. Las mentiras huyen en presencia de la verdad. ¿Lo captaste? Las mentiras huyen en presencia de la verdad. No obstante, así como tenemos que accionar un interruptor de luz para borrar la oscuridad, tenemos que activar la verdad para borrar las mentiras. Necesitamos tomar nuestros pensamientos, ponerlos a la luz de la verdad, y hacer que se alineen con las Escrituras antes de considerar esos pensamientos. He aquí cómo yo lo hago:

PENSAMIENTO: *Soy una mamá terrible.*

VERSÍCULO: «Llevamos cautivo todo pensamiento para que se someta a Cristo» (2 Corintios 10.5).

VERDAD: *No soy una mamá terrible. Puedo haber tenido una reacción terrible, pero eso no me define.*

PENSAMIENTO: *No actué como lo haría una buena madre. Y sin dudas no reaccioné como una cristiana.*

VERSÍCULO: «Consideren bien todo lo verdadero» (Filipenses 4.8).

VERDAD: *Amo a mis hijos. Eso es verdad. Amo a Dios. Eso es verdad. Estaba cansada. Eso es verdad. Me sentía insegura y eso me afectó. Eso es verdad. Dios nos ofrece una gracia que nunca se acaba. Eso es verdad. Puedo pedir perdón y redimir este desastre. Eso es verdad. Mientras más pienso en la verdad, más se acallan las mentiras. Eso es verdad.*

PENSAMIENTO: *Esto nunca mejorará. Siempre seré esclava de mis emociones fuertes.*

VERSÍCULO: «Busquen las cosas de arriba [...] Concentren su atención en las cosas de arriba» (Colosenses 3.1–2).

VERDAD: *Estoy cansada de enfocar mi corazón en la voz del enemigo. Concentrar mi corazón y mi mente en la mentira es como poner el dial de la radio en una estación de mala calidad. Lo que me alimenta me afecta. Así que aquí está mi corazón, Señor. Lo enfoco en la verdad y solo la verdad. Aquí está mi mente, Señor. La enfoco en la verdad y solo la verdad.*

Leo estos pasajes una y otra vez. Y los dejo fomentar mejores pensamientos. He aprendido que cada vez que comienzo a escuchar a las mentiras hablar más alto que la verdad, eso es un indicio de que mi alma tiene sed de la Palabra de Dios. Así que le proveí verdad y la privé de las mentiras que suplicaban entrar y armar un desastre.

Al día siguiente, hice una llamada rápida a la compañía de tarjetas de crédito y les aseguré que no había ocurrido ningún uso fraudulento de mi tarjeta, era yo la que estaba comprando una lavadora y una secadora a las cinco de la mañana del día anterior. Después que la compañía de tarjetas de crédito se aseguró de la verdad, aprobaron una vez más el uso de mi tarjeta. Aun mejor, después de estar asegurada de la verdad de Dios, me sentí aprobada otra vez.

Entonces vi una oportunidad de modelar a Cristo, incluso después de mi reacción horrible. Le pedí perdón a mi familia. Y aunque había echado a perder las cosas por completo el día anterior, me di cuenta de que la gracia de Dios siempre permite una segunda oportunidad. En lugar de permanecer en el hoyo en que había estado, avancé hacia el progreso imperfecto y la santidad.

Un paso hacia la santidad

Ese fue un paso en dirección a la santidad. Santidad. ¿Será esto posible para una mujer como yo? Vi que sí lo era. Así que digo que lo es. Y lo mismo dice Dios. «Si alguien se mantiene limpio, llegará a ser un vaso noble, santificado, útil para el Señor y preparado para toda obra buena» (2 Timoteo 2.21). Limpiarme de lo que no es honorable. Sí, eso es lo que quiero. Sin embargo, no puedo limpiar lo que no veo.

¡Ah, que pueda ver mis emociones fuertes como un llamado a actuar! Necesito algún tipo de progreso imperfecto aquí y ahora. Sí, si perder el control me permite ver mis puntos débiles, tiene un lado bueno y redentor. Y si en última instancia me recuerda lo que Isaías llama «Camino de santidad», de modo que pueda pasar cada vez menos tiempo sin perder el control, entonces no es solo bueno, es de Dios:

Habrá allí una calzada que será llamada Camino de santidad. No viajarán por ella los impuros, ni transitarán por ella los necios; será sólo para los que siguen el camino. No habrá allí ningún león, ni bestia feroz que por él pase; ¡allí no se les encontrará! ¡Por allí pasarán solamente los redimidos! Y volverán los rescatados por el SEÑOR, y entrarán en Sión con cantos de alegría, coronados de una alegría eterna. Los alcanzarán la alegría y el regocijo, y se alejarán la tristeza y el gemido (Isaías 35.8–10).

Espero algún día poder silenciar el dolor terrible del remordimiento. Y detener el gemido de un alma tan agotada. Un alma que se sorprende a sí misma pensando que nunca va a mejorar. ¿Es posible? ¿Podría todo este progreso imperfecto y los pasos torpes hacia la santidad —esos tesoros escondidos del descontrol— estar llevándome a un punto en el que experimentar satisfacción y alegría más que tristeza y remordimiento?

Mi amiga Sharon Sloan me mandó un correo justo esta mañana contándome sobre su experiencia de descubrir un tesoro escondido en un momento de descontrol.

Anoche, mientras sollozaba sentada en el piso de mi cocina, rodeada de un mar de lágrimas y mochilas, libros de texto y fiambreras, me encontraba descontrolada. Descontrolada por fuera y desecha por dentro. Desecha delante de él. Desecha de manera bella. Había pasado el día «Paseando a la señora Daisy», o en este caso a «la señora Eileen», mi dulce madre que acababa de renunciar al privilegio de conducir. Estaba exhausta, agotada y desecha. Luego tuve que lidiar con los niños —fútbol, exámenes, tareas— y mi esposo... adorable esposo.

En medio de la fealdad de mi descontrol, me di cuenta de la bendición de estar descontrolada... Si se lo permitimos, el descontrol nos permitirá llegar a estar desechas delante de él de una manera humilde y bella. Oro que esté desecha más a menudo y descontrolada con menos frecuencia. No obstante, si el descontrol me lleva a estar desecha, me siento agradecida.[2]

¡Ah, sí, sí, sí, amiga mía! Eso es. Ese es el lado bueno de nuestra caída. En realidad, estar descontrolada no es tan malo. Me lleva a ver dos cosas cruciales. Me permite verme, verme de verdad. Y también me permite ver a los demás, verlos de verdad. Entonces, cuando otros se descontrolen conmigo, debo recordar que sus expresiones externas son también indicadores de algo interno. Ahí se evidencia un quebrantamiento. Y aunque puede que no me sienta tierna ni amable con respecto a sus expresiones o reacciones descontroladas, puedo ser tierna y gentil con relación a su quebrantamiento.

Ellos también tienen puntos débiles

Esto es terrible. Por lo general, eso es lo primero que pienso cuando alguien comienza a descontrolarse conmigo. Tal vez me manden un correo electrónico o un mensaje de texto feo. Tal vez hagan una pequeña declaración un tanto pasiva-agresiva que no se siente tan pequeña. Tal vez dejen de llamarme y resulta obvio que me están evitando. Tal vez digan cosas hirientes sobre mí a mis espaldas. Cualquiera que sea su señal de descontrol, se siente mal.

Básicamente, me están criticando. A veces la crítica es justa. Tal vez me equivoqué y me vendría bien reconsiderar. En otras ocasiones, la crítica no es más que una explosión putrefacta. Y vaya que huele mal. No obstante, si me quedo atascada en el hedor, eso no sirve para nada bueno.

¿Podría haber otra manera de lidiar con las críticas duras? ¿De dejar atrás el dolor para poder ver si conllevan puntos débiles que debería considerar?

El otro día busqué en Google «puntos débiles» y tropecé con un artículo sobre el lagarto armadillo. Esta fascinante criatura tiene escamas que son duras y puntiagudas, como si en todo su cuerpo estuviera escrito: «No te metas conmigo». Sin embargo, como todas las criaturas resistentes, este lagarto tiene un punto vulnerable.

El exterior duro del lagarto armadillo se extiende a lo largo de su espalda, pero se suaviza en el bajo vientre. Cuando se siente amenazado,

178 / EMOCIONES FUERTES, DECISIONES SABIAS

el lagarto muerde su cola y adopta una postura en forma de anillo, mostrando su lado espinoso e intimidante para mantener a distancia a otras criaturas. En ese momento el resto de su cuerpo solo cumple un propósito: ocultar y proteger la parte más vulnerable.

Entonces, ¿qué tiene que ver esta extraña criatura del desierto con la crítica?

En un esfuerzo por proteger mi punto débil, a veces me encierro en mí misma y trágicamente olvido el punto débil de la persona que me critica, el lugar en el que es vulnerable y lo que podrían estar ocultando y protegiendo bajo sus palabras duras y el exterior espinoso. Ese es un lugar que quizás nunca me dejen ver. Es un lugar en el que almacenan sus heridas y decepciones. Donde se halla la causa de su escepticismo y el enojo, que probablemente tiene muy poco que ver conmigo. Recuerda: «De la abundancia del corazón habla la boca» (Mateo 12.34b). Y la explosión proviene de lo que emerge de su punto débil.

Si me olvido del punto débil de la otra persona, me siento tentada a empezar a almacenar mi propio dolor, escepticismo, enojo y decepciones. Si me acuerdo de este punto débil, tengo muchas más posibilidades de mantenerlo todo en perspectiva.

¿Y si la crítica no es solo una experiencia dolorosa y sin sentido? ¿Y si Dios está permitiendo esto de modo que pueda usarme para bien si se lo permito? Ah, sé que no es fácil. Prefiero que Dios me envíe en un viaje misionero a fin de ayudar a construir una casa que pasar por este proceso de examinar mis problemas... y estar dispuesta a que Dios me use para ayudar a una persona crítica y que sufre.

Es difícil, pero resulta piadoso. Y hemos sido llamadas a representar a Cristo donde quiera que vayamos, con todos los que interactuemos. Por lo tanto lo representamos en cada encuentro. Si me comporto bien, Lucas 21 me recuerda que eso dará como resultado un testimonio de Jesús para esa persona: «Así tendrán ustedes la oportunidad de dar testimonio ante ellos. Pero tengan en cuenta que no hay por qué preparar una defensa de antemano, pues yo mismo les daré tal elocuencia y sabiduría para responder, que ningún adversario podrá resistirles ni contradecirles» (vv. 13–15).

¿Captaste la parte donde habla de tener en cuenta? Antes de encontrarnos en una situación difícil, necesitamos tener en cuenta... eso es lo que estamos haciendo en este capítulo al considerar nuestros puntos débiles y los de los demás. Estamos decidiendo de antemano no preocuparnos. No ponernos a la defensiva. Y acumular las palabras y la sabiduría de Dios.

¡Qué fácil es escribir esas palabras y qué difícil ponerlas en práctica!

Sin embargo, permítanme contarte una historia que podría darte una idea de lo que significa hacer esto en la vida cotidiana.

Hace poco recibí un correo electrónico de una mujer llamada Abby que se sentía muy ofendida por el hecho de que mi ministerio no hiciera más para alentar a las mujeres en su situación específica. Como una madre que trabaja, ella luchaba con el estrés y las tensiones de tratar de contribuir al sostenimiento de su familia al mismo tiempo que atendía a sus hijos. Ella había estado escuchando nuestro programa de radio por un tiempo y se sintió decepcionada por nuestra falta de aliento para las madres que trabajan. Esto es lo que escribió:

Estimado Proverbios 31:

¿Saben ustedes que seguramente tienen muchas madres trabajadoras como oyentes? Me crié en una familia muy conservadora, por lo que esta situación resulta extraña para mí y nada fácil. Sin embargo, en realidad parece ser lo que Dios tiene para nosotros en estos momentos. Lamentablemente, su ministerio es uno de los peores en cuanto a ofrecerle palabras de aliento a una madre que trabaja como yo.

Lo irónico sobre las críticas de este mensaje es que yo soy una de esas madres que trabajan. Es verdad, trabajo desde casa la mayor parte del tiempo, pero sin dudas conozco el estrés y las tensiones de dirigir un hogar y un ministerio. Incluso mientras estaba leyendo este mensaje, al mismo tiempo me encontraba empacando almuerzos en el mostrador de la cocina, salpicado con gotas de jugo, migajas y jalea. Dos de mis hijos se quejaban de que nunca tenemos buenas meriendas y hacían un lío por quién se llevaría la última caja de jugo. Otra estaba tratando de convencerme de que era perfectamente seguro para ella montar en el carro de su amiga, que acababa de sacar la licencia.

En medio de todo eso sentía como si un letrero de neón parpadeara frente a mí transmitiendo el mensaje: «Tu ministerio es uno de los peores... el peor... ¡el peor!». La palabra *peor* se abrió paso en mi corazón como una serpiente en la hierba. «¡Peor!» «La peor mamá». «La peor empacando almuerzos». «El peor ministerio». «¡Tú eres la peor!» Espera un minuto... ya yo he atravesado por esto antes y no voy a hacerlo de nuevo. Sí, ¿cuáles fueron esas verdades que utilicé en la situación con la tarjeta de crédito?

«Llevamos cautivo todo pensamiento para que se someta a Cristo» (2 Corintios 10.5).

«Consideren bien todo lo verdadero» (Filipenses 4.8).

«Busquen las cosas de arriba [...] Concentren su atención en las cosas de arriba» (Colosenses 3.1–2).

Detuve los pensamientos de «lo peor» al comprender que esta era una declaración dura hecha por una mujer en una situación difícil. Decía mucho más sobre el dolor de Abby que sobre mí o mi ministerio. Sí, recordé el punto débil. Y reconocí que tenía otras cosas apremiantes, como cajas de jugos y actitudes de muchachos, con las que lidiar en ese momento. Así que llamé a Samantha, una integrante del personal de mi ministerio, y le pedí que orara por una respuesta gentil para Abby. Sabía que Samantha no explotaría herida. Ella vería la evidencia del dolor en Abby y respondería con ternura.

Samantha escribió este precioso correo como respuesta:

Querida Abby:

Le agradecemos que nos cuente sus inquietudes. Siempre es bueno escuchar la opinión de nuestros oyentes sobre el contenido de nuestro programa. Tenemos en cuenta cada sugerencia que recibimos.

No pude determinar cuál programa escuchaste. Si pudiera dejarme saber qué programas específicos no le parecieron bien, eso sería de gran ayuda.

Parece que usted trabaja mucho y tiene muchas responsabilidades con el trabajo a tiempo completo, un esposo, hijos y el hogar. Nosotros entendemos las complejidades y las circunstancias únicas que vienen con ser una mujer que trabaja a tiempo completo. ¡En realidad, nosotros también nos encontramos en esa situación! Cada una de nosotras tiene igualmente muchas responsabilidades con familiares, amigos, iglesias y el ministerio Proverbios 31.

¡Hermana querida, entiende que nosotros no solo hemos andado el mismo camino que tú, sino que estamos a tu lado ahora mismo! Nuestros programas y el ministerio en general se basan en llevar la paz, la perspectiva y el propósito de Dios a cada mujer ocupada. Nuestro objetivo es que puedan aplicarse a las mujeres en las diferentes etapas y esferas de la vida.

¿Pudiera orar contigo?

Señor, te damos gracias por Abby y su deseo de honrarte con sus finanzas. Gracias por darle el corazón y la compasión para cuidar a su familia y su trabajo. Da la impresión de que ella tiene muchos dones y es muy capaz. Te pedimos que le brindes momentos de dulce descanso entre todo su trabajo arduo. Y por favor, proporciona una manera de que ella y su familia puedan pagar cualquier deuda rápidamente. Bendice a Abby con más de tu verdad, paz y alegría. En el nombre de Jesús, amén.

Gracias de nuevo, Abby, por ponerte en contacto con nosotros y tus sugerencias sobre los temas para nuestro programa radial.

Que el Señor te bendiga con su paz hoy.

Samantha

Unas horas más tarde, Samantha recibió una respuesta de Abby. Esta ofrecía un atisbo poco común del punto débil de una mujer dolida. Mi corazón se derritió. Y nuestras sospechas estaban en lo cierto, su correo electrónico original en realidad no tenía que ver con nosotras. Estos tipos de correos raramente tienen esa intención. Se trataba de otras cosas profundamente enconadas. He aquí lo que Abby escribió:

Querida Samantha:

Me sentí muy conmovida por su respuesta tan reflexiva. Pido disculpas porque ahora entiendo que quizás he proyectado hacia Proverbios 31 mensajes que escuché de otras fuentes a lo largo de los años.

Su respuesta me hizo darme cuenta de que, a pesar de mis oraciones por ayuda en este aspecto, todavía tengo un poco de amargura/ ira/ resentimiento que necesito enfrentar de manera adecuada.

Le agradezco mucho además su oración. Significa mucho para mí. Voy a orar por su ministerio también. Tal vez algún día, Dios mediante, yo pueda llegar del mismo modo a otros de una manera más significativa.

Hermana querida, esto no es una cosa fácil, pero es algo bueno. Representa una parte crucial de nuestro progreso imperfecto. Con cada uno de los encuentros de este tipo tenemos la oportunidad de mostrar que Jesús es el Señor de nuestros corazones y nuestras reacciones. Por lo tanto, debemos recordar lo que Jesús enseña: «Bendigan a quienes los persigan; bendigan y no maldigan» (Romanos 12.14).

¿Te gustaría acompañarme a ver este progreso imperfecto como algo bueno? ¿Afirmar que puede ser bueno para nosotras, bueno para nuestras respuestas, y posiblemente incluso bueno para otros que ven a Jesús en nosotras?

Para ello necesitamos atrevernos a orar a fin de tener corazones auténticos. No es que recibamos a la persona que nos crítica en nuestro círculo más íntimo y comencemos a compartir la convivencia diaria. Sin embargo, es una cosa rara y hermosa elegir ofrecer amor en situaciones en las que la mayoría de las personas elegiría despreciar o ignorar.

Es una cosa rara y hermosa elegir ofrecer amor en situaciones en las que la mayoría de las personas elegiría despreciar o ignorar.

Atrévete a orar por un sentido abrumador del amor de Dios. No se trata de sentir amor por la fealdad que ha venido de esta persona, sino amor por el alma que Dios creó dentro de ella. Esta persona le pertenece a Dios. Él la ama. Es un tesoro para él aun cuando no apruebe sus acciones. Somos un tesoro para él incluso cuando no aprueba nuestras acciones. ¡Démosle gracias a Dios!

Y yo me pregunto... en medio de dar lo que podríamos considerar un regalo de amor inmerecido, ¿podrían abrirse nuestros ojos a una perspectiva diferente? ¿Podríamos ver algo que nos urge ver... sobre los demás, sobre nosotras mismas, sobre nuestro Jesús? ¿Podríamos tomar la decisión de dejarnos dirigir más por las órdenes de Jesús que por nuestros sentimientos en ese momento? «Pero yo les digo: Amen a sus enemigos y oren por quienes los persiguen» (Mateo 5.44).

Cuando alguien dice algo feo sobre mí, trato de considerar la fuente. Ese es un gran consejo que todas hemos escuchado, ¿verdad? Sin embargo, ¿no sería maravilloso si una persona que recibe un regalo de amor inmerecido de mi parte también considerara la fuente? ¿Y no me viera a mí, sino al Jesús que reina dentro de mí? Sería tal y como revela la Biblia en Hechos 4.13: «Los gobernantes, al ver la osadía con que hablaban Pedro y Juan, y al darse cuenta de que eran gente sin estudios ni preparación, quedaron asombrados y reconocieron *que habían estado con Jesús*» (énfasis añadido).

¡Ah, que esto se evidencie de gran manera en mi vida! Que mis palabras, mi amor por los que me aman —y aun más, mi amor por aquellos que no lo hacen— revelen que, sí, he estado con Jesús.

Yo. La mujer descontrolada que se atrevió a mirar a su punto débil y observó algunas cosas difíciles de ver:

Heridas.

Quebrantamiento.

Posibilidad.

Cambios.

Pasos hacia la santidad.

Progreso imperfecto.

La herida en los que me hieren, sus puntos débiles.

Gracia.

Amor.

Yo más parecida a Jesús que antes.

Y descubrir al ver todo esto que descontrolarse no es tan malo.

Acepta la invitación
al progreso imperfecto

L a semana pasada, literalmente, tuve que pararme junto al mostrador de mi cocina y decidir si iba a extender gracia y risa o a descontrolarme por completo. Fue una elección simple y llanamente. Y con toda honestidad, a eso se reduce todo, ¿no es cierto? A una elección.

¿Te identificas?

Claro que sí. Es por eso que te quiero tanto.

El incidente tuvo que ver con las invitaciones de la graduación que enviamos desde nuestra casa. Estaban atrasadas y eran... diferentes de lo que yo esperaba. Mi hijo no trajo a casa el formulario para ordenar los elementos correspondientes a fin de completar las invitaciones. Así que en lugar de tarjetas con los nombres impresos, llevaban los nombres garabateados. En vez de una foto con toga y birrete, mostraban una foto de octavo grado renovada a la que le habían cortado el 2005 en la parte de abajo para que los destinatarios no tuvieran que hacer el cálculo mental mientras se rascaban la cabeza.

Y ciertamente, sé que se supone que uno reciba dos sobres, el de afuera y el de adentro. Sin embargo, si te equivocas con el sobre de afuera y no tienes más, puede que te veas obligada a usar el sobre de adentro sin banda adhesiva para sellarlo. Por lo tanto, les pido disculpas por las marcas que dejó el pegamento púrpura utilizado para esta emergencia.

Mientras me encontraba junto al mostrador, goberné a mi corazón por un segundo y al final decidí dejar que una verdad de Proverbios 3 me redirigiera un poco.

¡Nunca permitas que la lealtad ni la bondad te abandonen!
Átalas alrededor de tu cuello como un recordatorio. Escríbelas
en lo profundo de tu corazón. Entonces tendrás tanto el favor

de Dios como el de la gente, y lograrás una buena reputación (vv. 3-4, NTV).

Yo no quería que la lealtad y la bondad me abandonaran. No estoy exactamente segura de atarlas alrededor de mi cuello, pero estoy completamente a favor de escribirlas en lo más profundo de mi corazón. Así que me aprendí de memoria el versículo... o al menos tengo lo principal en mi mente y en mi corazón. Y eso ayudó.

Aunque nuestras invitaciones lucían un poco estrafalarias, ¿pudieras ver el amor sellado en cada sobre? ¿Podrías ver el corazón de una mamá tan orgullosa de este muchacho que decidió que no importaba lo que las invitaciones parecían? ¿Podrías escuchar la risa encerrada en cada uno porque una mamá decidió que la alegría de esta ocasión está muy por encima de la necesidad de invitaciones hechas adecuadamente?

Además, mi necesidad de «lo adecuado» sin dudas ha sido templada... y mis emociones fuertes también. ¿Y tú? ¿Has tenido algo de progreso imperfecto? ¿Todavía sientes a veces que la parte de imperfecta se aplica a ti más que la de progreso? Yo también. No obstante, en otras ocasiones me sorprendo y no me descontrolo cuando sé que de seguro antes lo hubiera hecho.

Sospecho que entiendes. Y por eso me ha encantado recorrer este libro contigo. Se trata de algo más que un montón de páginas con una portada fenomenal. Una portada, por cierto, que me encanta. A pesar de que algunas personas me han dicho que pensaban que la mujer que aparece en ella estaba «vomitando en la cartera».

Cielos, no me gusta la palabra *vomitar*. No es exactamente una mala palabra, pero es que no me gusta. No, la señora no está enferma. Está descontrolándose y gritando dentro de ese bolso adorable. Y no, no soy yo. La gente también me ha preguntado eso. Y me hace reír.

Como sea.

En fin, recorrer estas páginas contigo ha creado una sanidad y un espacio revelador para la gracia en mi vida. Espero que haya ocurrido lo mismo contigo. Un lugar al que venimos tal y como estamos sin sentir la necesidad de adornarnos de antemano.

Ciertamente hemos vivido algunas situaciones locas en este libro, ¿verdad? Las artemias que resultaron mal, el correo diciendo:

«Debería darte vergüenza», la debacle por una Coca-Cola de dieta, una mujer en un avión gritando: «Tengo una bomba», y ahora unas invitaciones arruinadas para una graduación. Apuesto a que has experimentado algunas situaciones en tu mundo también. Situaciones que te hacen preguntar: «¿Qué pasa, Jesús? ¿Por qué parece que tengo momentos de quebrantamiento en mi vida cada día? Esto resulta muy frustrante. Necesito tu punto de vista sobre este quebrantamiento... o necesito un descanso de él». Yo también he hecho esas oraciones. En realidad, justo ayer.

Una carga nueva

Con un corazón cansado, una vez más llegué a la mesa pegajosa y abrí mi Libro de la Verdad, hecho jirones y desgastado. Mi Biblia. Y lo que encontré me dio la carga perfecta para mi día. Tal vez la carga perfecta para susurrarte un adiós a ti... por ahora. Escucha la Palabra de Dios:

¡Siembren para ustedes justicia! ¡Cosechen el fruto del amor, y pónganse a labrar el barbecho! ¡Ya es tiempo de buscar al Señor!, hasta que él venga y les envíe lluvias de justicia (Oseas 10.12).

Siembra para ti justicia. Es decir, siembra en tu vida las semillas de la justicia: elecciones correctas que honren a Dios. Haz esas elecciones. Escoge honrarlo en medio de todo. Incluso cuando estés desaliñada, desanimada o deshonrada, aun así hónralo a él.

Cosecha el fruto del amor. Cada elección que honra a Dios lleva el fruto de su amor eterno infalible. Recuerda, nada nos puede separar del amor de Dios (Romanos 8.38<39). Sin embargo, esa es la gran táctica de Satanás, que te enredes en pequeñas cosas que te hagan olvidar el amor infalible de Dios. O aun peor, dudar de su amor inagotable. Resístete a enredarte en la distracción al honrar a Dios con esta elección a la que te enfrentas ahora mismo.

Ponte a labrar el barbecho. No rechaces la bendición del quebrantamiento que cultiva la tierra de tu corazón. Arar el terreno sin arar de tu corazón hará que quede listo para una vida nueva, un nuevo crecimiento, una madurez nueva en ti.

Es tiempo de buscar al Señor. Busca a Dios como nunca antes. Parte de buscarlo implica dejar espacio para la gracia en tu vida. Dale a la gracia de Dios un poco de espacio en tu mente, tu corazón, tu mundo. ¿Cómo? Cuando las circunstancias de la vida te dejen seca, mira este vacío como una oportunidad. En vez de reaccionar a partir de ese vacío, elige verlo como el lugar perfecto para que la gracia crezca.

Cuando las circunstancias de la vida te dejen seca, mira este vacío como una oportunidad para que la gracia crezca.

Hasta que él venga y te bañe de justicia. Al ofrecerles gracia a los que no la merecen, las vasijas de misericordia del cielo la prodigan sobre ti.

Crecemos. Somos capaces de tomar decisiones más correctas que honran a Dios. Empezamos a ver la vida y a la gente —así como a las circunstancias molestas— de manera diferente. Y hasta nos atrevemos a susurrar un agradecimiento cuando la necesidad de espacios de gracia surge una y otra vez.

Y surgirá. El mismo chico con las invitaciones arruinadas para la graduación probó la lealtad y la bondad que yo acababa de escribir en mi corazón... y me dio una oportunidad para expandir los espacios de gracia todavía más cuando derritió mi horno de microondas.

Gracia que se expande

¿Recuerdas el cuento del muchacho que derritió el microondas? Bueno, creo que debo contarte toda la historia. ¿Alguna vez hiciste una mueca ante el olor de las palomitas de maíz cocinadas demasiado tiempo en el horno de microondas? El peor olor del mundo, ¿cierto?

Pues no.

Un panecillo envuelto en papel de aluminio, cocinado hasta el punto de que el interior del microondas literalmente se derrita, produce un olor que no puedo describir bien. Es horrible. Y estoy bastante segura de que resulta tóxico de alguna manera. Sobre todo para una madre que puede oler si un hijo se atreve a traer a casa chicle de menta escondido en el fondo de su mochila. Sí, tengo problemas con la menta. Yo uso todo de canela, pero esa historia es para otro día.

El olor a panecillo requemado y microondas derretido fue el resultado de un niño-hombre que decidió que los panecillos debían cocinarse durante mucho rato en el microondas. Cuando corrí a la cocina para ver qué cosa estaba causando el olor que llegó hasta mi oficina, mi hijo solo se encogió de hombros y dijo: «Ah, supongo que al microondas no le gustó mucho mi panecillo».

Dos pensamientos luchaban por lo que debía salir de mi boca después.

PENSAMIENTO NÚMERO UNO: *Creo que esta situación requiere un berrinche justificable, con declaraciones irracionales como: «¿Cuántas veces te he dicho que no pongas papel de aluminio en el microondas? Te queda prohibido usar el microondas por siempre jamás, por los siglos de los siglos. Ni siquiera en el cielo. Y le voy a decir a Jesús que no te permita usar su microondas tampoco».*

Soy así de madura.

PENSAMIENTO NÚMERO DOS: *Recuerda la lección sobre el espacio para la gracia que acabas de aprender esta mañana. No leíste ese versículo de Oseas solo para cumplir con un tiempo a solas con Dios. Lo hiciste a fin de que Dios pudiera prepararte para lo que veía venir. Ahora deja que la verdad de Dios obre en ti.*

Haz una buena elección que honre a Dios.
No dejes que Satanás te separe de lo mejor de Dios.
Deja que el roturado de tu corazón produzca una madurez nueva, una perspectiva nueva de la paciencia, y susurros de la verdad en acción.
Cuando esta situación esté dejando tu cuerpo seco, llena ese espacio con gracia.

Extiende la gracia que Dios te ha dado tan libremente una y otra vez. Y cuando lo hagas, él va a abrir su arsenal de misericordia y te prodigará todavía más. Su gracia nunca se agota. Su gracia es totalmente suficiente.

Tenía deseos de actuar basándome en el pensamiento número uno. Sin embargo, tomé la decisión consciente de dejar que el número dos me controlara. En lugar de agravar el problema, lo usé como una lección para la vida. Mi hijo aprendió lo difícil que es eliminar los malos olores de una casa. Así que sospecho que no repetirá muy pronto su error.

Tengo que elegir la paciencia. O la amabilidad. O la gracia. Es una elección.

Sin embargo, él no fue el único que aprendió algo del panecillo quemado. Yo aprendí también. Aprendí que tengo la capacidad de ampliar el espacio para la gracia en mi corazón. Es posible ser la mujer paciente que a veces dudo poder ser. Solo tengo que elegir la paciencia. O la amabilidad. O la gracia. Es una elección.

Ahhh... progreso imperfecto... integridad del alma... y más espacio para la gracia.

Estaba equivocada

Comenzamos este viaje con gracia, y será con gracia que llegaremos al final.

No obstante, debo admitir que cuando se trata de la gracia de Dios, yo estaba equivocada. Equivocada con respecto a algo crucial que nosotras, mujeres que amamos a Jesús, tenemos que saber y vivir.

Durante años he luchado con este temor persistente de que un día iba a llevar las cosas demasiado lejos con Dios. Que agotaría todas mis segundas oportunidades y su gracia de pronto se acabaría. Al igual que el residuo duro en el fondo de un vaso, lo que una vez fue dulce y fluyente, ahora se habría esfumado. Inclinaría la copa de su gracia y no encontraría nada más que aire viciado.

Estaba convencida de que esto iba a ocurrir debido a mi yo secreto, el cual vive en las sombras de mi yo presentable. El yo externo es relativamente bueno, amable, generoso y justo. No es perfecto, pero por lo general se mantiene en calma, divertido, despreocupado, y le encanta cantar en voz alta, aunque no se sepa bien la letra de la canción.

El yo externo y presentable encaja con los ideales cristianos y los versículos bíblicos que memorizo. Leo libros. Pongo en práctica los consejos. Y por lo general soy una buena amiga, esposa, hermana y mamá. Repito, no soy perfecta, pero tampoco tan mala.

Y justo cuando creo que el yo secreto es solo un recuerdo distante, sale de las sombras. Grita. Se vuelve como loco. O en cambio oculta y explota. Es un tornado que da vueltas, fuera de control. Se muestra destructor y caótico, y lleno de amargura. Es una sensación horrible saber que este tornado se cierne sobre el borde de la mujer suave y tranquila que quiero ser.

Sin aliento y jadeante por completo, desesperada por mitigar mi sed, corría a la copa de la gracia. Y una y otra vez temía que *ese* sería el momento: el momento en que la gracia se terminaría. El momento en que Dios se hartaría. El momento en que diría: «Vete».

Pensaba que Dios al final diría esto porque a veces un papá lo hace. O un amigo, un cónyuge, u otra persona que nos hemos atrevido a amar. Y lo dicen en serio. Entonces se van o nos obligan a irnos.

Y no se van por el yo de afuera. Lo hacen porque han olido al yo secreto y no les gustó. ¿Y quién puede culparlos? A mí tampoco me gusta. Y esto me hace preguntarme cómo a Dios podría gustarle, mucho menos amarlo.

Ese tipo de pensamiento es un problema. No hay dos yo. Hay solo uno. Si me pongo a pensar que Dios no acepta una parte de mí, en esencia creeré la mentira de que el amor de Dios es condicional y basado en mi rendimiento. Haré que mi yo externo se esfuerce cada vez más a fin de hacer las cosas lo suficiente bien como para ganar su amor y merecer su gracia. Y mientras tanto, todo el tiempo tratando y tratando y tratando de acallar al yo secreto y obligándolo a desaparecer.

Esta división es la lucha principal de la mujer descontrolada. La mujer en dos partes: una buena y una mala. Una segura y una avergonzada. Y aunque pasa gran parte de su tiempo siendo buena y presentable, basta solo un poco de la parte secreta para arruinarlo todo.

No obstante, es ahí donde estaba equivocada. La gracia de Dios no se encuentra en cantidades limitadas.

La economía mundial cuenta con suministros limitados, pero no la economía de Dios.

La economía mundial cuenta con suministros limitados, pero no la economía de Dios.

Sí, estaba equivocada. Muy equivocada.

Y fue Eva, la primera mujer en la Biblia, la que me ayudó a ver la verdad. Desde el principio de los tiempos, Dios ha tratado con ternura a sus hijas. Eva fue la imagen perfecta de la mujer descontrolada. Buena, pero mala. Suave como una brisa, pero atraída a un tornado de pecado.

¿Te acuerdas de cuando Adán y Eva comieron el fruto prohibido y fueron expulsados del jardín del Edén? Cada vez que leía esa historia pensaba que habían tenido que dejar el paraíso porque Dios estaba castigándolos. Que Dios se sentía decepcionado de ellos. Que Dios les estaba dando su merecido.

Sin embargo, me equivocaba.

Había dos árboles especiales en el jardín del Edén. Uno era el árbol de la ciencia del bien y del mal. Este era el que tenía el fruto prohibido. El otro era el árbol de la vida. Este era el que les proporcionaba a Adán y Eva vida perpetua, sin enfermedades, ni muerte, ni partes flácidas en el cuerpo. (Bueno no estoy muy segura de ese último beneficio, pero cuento con esta realidad en el cielo.)

En fin, cuando comieron del árbol de la ciencia del bien y del mal, el pecado entró al mundo y lo corrompió todo. Y en ese momento fue el amor absoluto de Dios y su más tierna misericordia —no su ira ni desquite— lo que hizo que Adán y Eva tuvieran que salir del jardín.

Tenían que irse. Si les hubieran permitido quedarse, habrían seguido comiendo del árbol de la vida y vivirían para siempre, sumidos en el pecado y en todo el quebranto que el pecado trae consigo. Y Dios no podía soportar ese destino para las personas que amaba. Por lo tanto, fue su amor lo que hizo que se marcharan.

Y fue el amor y la gracia de Dios los que finalmente enviaron a Jesús para invitar a la humanidad a regresar. Regresar de nuestro pecado. Regresar de nuestro quebrantamiento. Si solo proclamamos a

Jesucristo como nuestro Señor resucitado, la gracia de Dios nunca se acabará.

Del quebrantamiento a la redención, donde la misericordia y la gracia besan nuestro rostro.

El quebrantamiento donde estamos partidos en dos.

La redención donde Dios nos teje y nos une otra vez.

La misericordia cuando no obtenemos el castigo que merecemos.

La gracia cuando recibimos los fastuosos regalos de amor que no merecemos.

Así que aquí estamos.

Y tomo tu rostro entre mis manos y te digo: *Dios te ama. Dios te ama ahora. Dios te ama cuando estás descontrolada. Dios te ama cuando ocultas lo que sientes. Dios te ama cuando explotas. Él te ama cuando eres un ejemplo de la integridad del alma, y también cuando no. Él te ama. Te ama. Te ama. Te ama tanto que se niega a dejarte estancada en este lugar. Toma su mano, confía en su amor, y camina a través de esta hermosa oportunidad del progreso imperfecto.*

Sí, el gran descontrol todavía nos llamará para que consideremos su naturaleza y realidades imprevisibles. Sin embargo, tú has sido hecha nueva y yo también. Por lo tanto, si por casualidad me ves en el pasillo de Target y se me ha olvidado esta verdad, solo susurra un recordatorio suave y lleno de esperanza: «Es una elección. Elige el progreso imperfecto, querida amiga», y sonríe.

NOTA: En ocasiones las luchas con las emociones fuertes pueden llegar a niveles graves. Si tú o un ser querido creen que pudieran estar mostrando expresiones dañinas e incluso peligrosas de ira o depresión, por favor busquen la ayuda de un consejero profesional.

APÉNDICE

Determina qué tipo
de reacción tienes

En los capítulos del 4 al 6 tratamos los cuatro tipos de reacciones:

- Las que explotan y culpan a otros
- Las que explotan y luego se avergüenzan
- Las que ocultan y construyen barreras
- Las que ocultan y coleccionan piedras de desquite

A fin de ayudarte a determinar qué tipo de reacción tienes, puedes hacer una evaluación más exhaustiva en _ (solo en inglés). No obstante, realiza primero el inventario sencillo (páginas 196-198) para tener una idea inicial de tu tipo de reacción.

Cuando completes este inventario, enfócate en una relación a la vez. Como dijimos en los capítulos anteriores, nuestra relación cambia según las distintas relaciones.

1. Piensa en una persona en tu vida: tu mamá, tu esposo, tu hijo, jefe, etc.
2. Cuando tienes un conflicto con esta persona, ¿eres más dada a querer procesar tu frustración exteriormente? ¿O te inclinas más a sufrirla por dentro?

- Si procesas las cosas por dentro o necesitas estar sola antes de decidir si tratarlas o no, eres más dada a procesar internamente con esta persona y caes dentro de la mitad superior del diagrama que aparece debajo.
- Si procesas las cosas hablando o gritando al respecto, eres más dada a procesar externamente con esta persona y caes en la mitad inferior del diagrama.

**PROCESA
INTERNAMENTE**

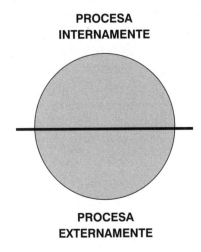

**PROCESA
EXTERNAMENTE**

3. Luego, piensa en la forma en que manejas un problema con esta persona. ¿Eres más dada a conversar o discutir con ella el asunto en cuestión o finges que todo está bien?

- Si prefieres abordar el problema, eres más dada a expresar las cosas de externamente y caes en el lado izquierdo del diagrama siguiente.

- Si prefieres no abordar el problema y en cambio solo finges que estás bien, eres más dada a suprimir las cosas internamente y caes en el lado derecho del diagrama.

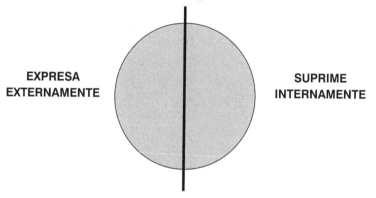

**EXPRESA
EXTERNAMENTE**

**SUPRIME
INTERNAMENTE**

4. Ahora que has identificado cada uno de estos factores determinante, puedes ver en qué cuadrante caes del diagrama que aparece a continuación y así identificar qué tipo de reacción tienes en esta relación en particular.

5. Recuerda estas cosas importantes:

- Es probable que en relaciones diferentes caigas en distintos cuadrantes. Así que, pensando en todas tus relaciones importantes, vuelve a hacer esta evaluación para cada una de ellas.
- No estamos usando ninguna de estas clasificaciones como condenas. Son convicciones muy leves que nos ayudan a ver las esferas en las que tenemos que trabajar. Al implementar las estrategias de este libro, podemos estar en camino a tener reacciones más saludables... ¡lo que significa relaciones más sanas!
- Si eres de las que se expresa, eso tiene un lado muy bueno: ¡tu honestidad! (Ver el diagrama.) Solo recuerda equilibrar tu honestidad con el principio divino de ser pacificadora.
- Si eres de las que suprime, eso tiene un lado muy bueno: tu capacidad de mantener la paz. (Ver el diagrama.) Solo recuerda equilibrar el hecho de ser pacificadora con una honestidad piadosa.
- El objetivo de este ejercicio es la «integridad del alma», como se indica en el mismo centro del diagrama. La integridad del alma se

- produce cuando mostramos una honestidad que además es pacífica en cada una de nuestras relaciones.

Notas

Capítulo 2: No soy una mujer descontrolada
1. Mike Tiller, «Within These Walls», *My Daily Bread*. Disponible en: http://www.TheBible.net/modules. php?name=Read&cat=24&itemid=362.
2. Josué 5.12—6.20, en *The Bible Knowledge Commentary, Old Testament*, John F. Walvoord y Roy B. Zuck, eds. (Wheaton, IL: Victor Books, 1985).

Capítulo 3: Las prisioneras
1. L. B. Cowman, *Manantiales en el desierto* (El Paso, TX: Mundo Hispano, 2007), p. 307.

Capítulo 6: Las que ocultan
1. Dr. John Townsend, *Límites* (Miami, FL: Editorial Vida, 2006).
2. Craig Groeschel, *Desintoxicación espiritual* (Miami, FL: Editorial Vida, 2013), p. 209.

Capítulo 9: La mujer vacía
1. Peter Salovey y Judith Rodin (Yale University), «Some Antecedents and Consequences of Social-Comparison Jealousy», *Journal of Personality and Social Psychology*, vol. 47, 1984, pp. 780–92.
2. http://gitzengirl.blogspot.com/.

Capítulo 10: El diálogo interno negativo
1. Dr. Caroline Leaf, *Who Switched Off My Brain?*, ed. rev., (Nashville: Thomas Nelson,, 2009), p. 52.
2. E. R. Kandel, J. H. Schwartz y T. M. Jessell, eds., *Principles of Neural Science*, 4ta ed. (New York: McGraw Hill, 2000).
3. Leaf, *Who Switched Off My Brain?*, ed. rev., p. 53.

Capítulo 11: Mi alma necesita exhalar
1. Bonnie Gray, del libro que está por publicarse: *Spiritual White Space* (Revell, 2013) y su blog: «White Space and Soul Rest»,

http://www.faithbarista.com/2011/03/i-stress-therefore-i-am-10-ways-tode-stress-soul-rest-series-kick-off/.

Capítulo 12: No todo está mal

1. Jenni Catron, de su blog «Leading in Shades of Grey». El escrito de donde se tomó esto se titula «The Underbelly» y se encuentra en: http://www.jennicatron.tv/the-underbelly/.
2. Sharon Sloan escribe todos los días en dos sitios maravillosos: www.histablefortwo.blogspot.com y www.joyinthetruth.blogspot.com.

Acerca de Lysa TerKeurst

L ysa TerKeurst es la esposa de Art y la mamá de cinco bendiciones prioritarias que se llaman Jackson, Mark, Hope, Ashley y Brooke. Es autora de más de una docena de libros, entre ellos el gran éxito de ventas *Fui hecha para desear* del *New York Times*. Ella ha aparecido en *Enfoque a la familia*, *Good Morning America*, el programa de *Oprah Winfrey* y la revista *O Magazine*. Su mayor pasión es inspirar a las mujeres a decirle que sí a Dios y participar en la aventura fabulosa que él ha diseñado para que cada alma viva. Aunque es cofundadora de los Ministerios Proverbios 31, para los que la conocen mejor es simplemente una mamá que lleva a sus hijos de un lugar a otro, ama a su familia, ama a Jesús con pasión, y lucha como el resto de nosotras con la ropa por lavar, las gavetas regadas y la celulitis.

SITO WEB: si has disfrutado de este libro por Lysa, te encantarán los recursos adicionales en inglés encontrados en www.Ungluedbook. com, www.LysaTerKeurst.com, y www.Proverbs31.org.

BLOG: conversa con Lysa a través de su blog diario, ve fotos de su familia, y sigue su itinerario de conferencista. ¡Le encantaría conocerte en un evento en tu área! www.LysaTerKeurst.com.

Nos agradaría recibir noticias suyas.
Por favor, envíe sus comentarios sobre este
libro
a la dirección que aparece a continuación.
Muchas gracias.

Vida@zondervan.com
www.editorialvida.com